AF452082

À la suite de l'ouvrage de Flocon
se trouvent reliés les Nouveaux Éléments
de chant par Jean Jacques Souhaitty
où est d'abord exposé son système de no-
tation par chiffres, sur lequel l'attention
se porta lorsque Jean Jacques Rousseau
proposa un système analogue.
Adrien de La Fage

L'ART DV PLAIN-CHANT,

Par MESSIRE PHILIPPE FORNAS,
Curé de Lacenas, en Beaujolois.

A LYON,

Chez MICHEL MAYER, ruë Merciere,
à la Verité.

____

M. DC. LXXIII.

Auec Approbation, & Permiſſion.

A MONSEIGNEVR

MONSEIGNEVR

L'ILLVSTRISSIME

ET REVERENDISSIME

CAMILLE

DE NEVFVILLE,

Archeuéque, & Comte de Lyon, Primat de France, Commandeur des Ordres du Roy, & son Lieutenant General ez pays de Lyonnois, Forests, & Beaujolois.

*M*ONSEIGNEVR,

Le genre d'écriture que ie prens la liberté de mettre sous la protection de vôtre Grandeur, est vn ouurage qui appartient tres-particulierement au saint Esprit, puisque sa fin n'est autre que de former des personnes qui luy sont destinées à chanter auec methode ses diuines loüanges dans nos temples.

Cette protection, MONSEIGNEVR, *est la plus glorieuse pour luy*

ã

qu'il pût iamais receuoir, puis qu'elle est d'vne personne qui appartient à cet Esprit diuin d'vne maniere toute particuliere, & l'on peut dire MONSEIGNEVR, auec iustice de vôtre Grandeur, ce qu'a dit vn deuot de sa sainte amante que (son interieur est cét Esprit saint.)

En effet on n'en doute plus, d'abord que l'on vous a consulté, MONSEIGNEVR, vne seule fois sur quelque matiere qui regarde sa sacrée conduite sur nos ames, car les esclaircissements que vous y donnez, sont autant de prejugez infaillibles que toutes les paroles que vous proferez sont autant d'oracles qui partent de sa bouche ; cette langue vous est deuenuë tellement familiere, qu'il semble que vous ne parliez iamais que par son organe.

A dire vray, MONSEIGNEVR, vous l'auez receu en tant de manieres, qu'il n'a plus de temple plus commun, & où il se plaise dauantage que vostre cœur, ny d'interprete plus ordinaire de ses idées infinies que vostre grandeur, qui l'a receu auec l'Ordre sacré du Sacerdoce, auec celuy de l'Episcopat, & depuis encore quoique d'vne maniere bien differente, des mains bienfaisantes de sa Majesté.

Tellement, MONSEIGNEVR, que luy appartenant par tant de glorieux titres, l'on doit ce témoignage à vostre zele, que vous faites vne estime singuliere de ce qui peut contribuer à ce qui luy est consacré, aussi est-ce dans cette pensée que ie prens la liberté de vous offrir ce petit ouvrage, & dans l'esperance que vous luy ferez le méme accueil qu'à l'escole de la veritable science qui paroit au iour auec tout le respect que vous doit celuy qui est.

MONSEIGNEVR,

De vostre Grandeur,

Le tres-humble, & ttes-obeïssant
seruiteur PHILIPPE FORNAS,
Curé de Lacenas en Beaujolois.

AV LECTEVR.

L semble , Cher Lecteur, que la science ait toûjours trouué son agrément parmy les tenebres , & qu'elle ait pris plaisir d'ériger son thrône d'honneur dans l'obscurité des escrits des hommes Illustres , par l'organe desquels elle a voulu se communiquer de siecle en siecle à tous les peuples : iusques là qu'apres tous les soins qu'ont pris leurs plus fidelles interpretes pour découurir ses adorables merueilles, ils n'ont iamais esté capables de venir à bout de cette genereuse entreprise.

En effet si vous voulez auoir vne preuue conuaincante de cette verité , consultez auec toute l'exactitude possible les commentaires de tous ces premiers oracles , & sans doute apres toutes vos recherches curieuses , vous serez contraint d'auoüer que vous n'auez encore point penetré leurs pensées , & que vous n'étes encore iamais entré dans leurs veritables sentimens.

Et cependant si ces sacrez depositaires de ses secrets nous y auoient fait auoir toute la part que nous y pourrions pretendre, nous aurions cet auantage qu'il n'y auroit plus de questions de nom dans les Academies de la Philosophie ; nous n'entendrions plus de disputes inutiles ; parce que nos entretiens les plus sublimes , se rendroient tellement familiers que les plus simples pourroient se glorifier d'en auoir vne intelligence parfaite. Nous ne verrions plus de chicanes dans le Barreau , parce qu'vn chacun pourroit deuenir capable de juger de l'equité ou de l'iniustice de ses differens : nous ne souffririons plus la torture de la medecine ; parce qu'il ne tiendroit qu'à nous de nous appliquer les remedes les plus salutaires à nos maux , dont l'ignorance est pour l'ordinaire l'occasion de nostre mort , apres que nous auons méme souffert des langueurs & des supplices incon-

ĕ

ceuables : nous n'entendrions iamais qu'vne douce symphonie
dans nos Eglises, qui arracheroit les sanglots des cœurs des Fidelles , & qui les obligeroit d'vnir leurs voix & leurs soûpirs à cette
sainte harmonie, pour rendre vn culte commun à la maiesté sacrée de Dieu , que l'excellence de ses graces exige de nôtre
gratitude. Si vous me demandez la cause de ce diuin accord? c'est
que tous ceux qui sont employez dans cet auguste ministere
pourroient facilement s'instruire dans la Musique ou dans le
Plain-chant, qui sont deux arts qui forment sensiblement la voix
de ceux qui les pratiquent.

Mais la difficulté qu'on a iusques icy rencontrée à les acquerir,
(de méme que toutes les sciences) a donné occasion à la plus
part de se rebuter dans l'étude qu'ils en auroient fait, s'ils auoient
pû esperer d'y reüssir apres vne serieuse application.

Le desir que i'ay de soulager leurs trauaux, m'a obligé de nou-
ueau à ietter les yeux sur la methode que ie vous presente,
afin de leur donner tout le secret de l'art du Plain-chant contre
la maxime de ces Preuots de sale qui se reseruent toûjours le
coup de maistre , apres vne longue suite de leçons ; i'enseigne au
contraire dans cét ouurage que i'ay tout reduit à quelques principes & à certaines obseruations, tres-methodiques, tout ce que
i'ay crû necessaire à ce dessein.

APPROBATION.

SI les choſes ſaintes doiuent être traittées ſaintement, ainſi que diſent les Peres, *Sancta ſanctè tractanda ;* il me ſemble que ce doit être particulierement les loüanges de Dieu, qui ſont toutes ſaintes en elles mêmes ainſi que dit ſaint Bernard : c'eſt pourquoy on ne ſçauroit les chanter auec aſſez de modeſtie, & de regularité ; & l'Egliſe pour y porter ſes miniſtres a voulu preſcrire des regles qu'ils ſuiuiſſent ; auſſi ie ne puis loüer aſſez le zele de ceux qui la voulant imiter nous en facilitent le moyen par des nouuelles methodes, qu'ils inuentent ; mais s'il y en a quelqu'vn à qui ces loüanges ſoient iuſtement deuës : c'eſt à MESSIRE FORNAS, Curé de Lacenas, qui dans ſon art de chanter, donne aux meilleurs Muſiciens des connoiſſances nouuelles ce qui le rend tres-vtile au public, ne contenant rien de contraire à la Foy Catholique Apoſtolique & Romaine, c'eſt le ſentiment que ie ſuis obligé de rendre à la verité. A Lyon ce 5. Avril. 1672.

MATHILLION, Docteur en Theologie.

PERMISSION.

VEu la requéte preſentée par MICHEL MAYER, Marchand Libraire de cette Ville, concernant l'impreſſion du liure intitulé *l'Art du Plain-chant*, compoſé par MESSIRE FORNAS ; Ie n'empéche pour le Roy, qu'il ſoit permis audit MAYER, de faire imprimer ledit Liure, & que les deffences ordinaires luy ſoient accordées pour trois années. A Lyon, ce 5. Avril, 1672.

VAGINAY.

CONSENTEMENT.

SOit fait ſuiuant les concluſions du Procureur du Roy, les iour & an cy deſſus.

DE SEVE.

DV PLAIN-CHANT.

Lettres	Nottes	Ou	Voix
E	♮	mi	la
D	la	re	fol
C	fol	vt	fa
B	fa	♮	mi
A	mi	la	re
G	re	fol	vt
F	vt	fa	
	♭ mol	Nature	♮ quarré

PREMIER PRINCIPE
DE LA GAME
DV PLAIN-CHANT.

A game du Plain-chant eſtant la premiere leçon qu'il faut ſçauoir pour entrer en connoiſſance des ſecrets & des difficultez qu'il contient; le ſoin principal de celuy qui pretend de l'apprendre, doit eſtre tout premierement de ſe former vne idée tres-fidelle de l'ordre que nous luy auons aſſigné dans la page precedente: & d'obſeruer que les lettres E, D, C, B, A, G, F, qui font la premiere colomne de ſon appuy, ne ſeruent qu'à marquer la conduitte qu'il faut tenir pour apprendre à connoître les nottes dans les deux clefs que nous marquerons dans la ſuitte.

Second principe des nottes du plain-chant.

Les trois autres colomnes qui ſe voyent dans la game ſont compoſées de toutes les nottes ou de toutes les voix du plain-chant; car autant de ſyllabes qui s'y rencontrent font autant de voix differentes ſelon la diuerſité des tons qu'on leur donne, & ce ſont tout autant de voyes ou de guides qui conduiſent à vne parfaite intelligence de toute ſorte d'air, ou de ton, ſi elles ſont chantées auec art & auec methode.

Troiſiéme principe des mémes nottes.

L'on ne ſe ſert que de ſix de ces mémes nottes pour toute l'œconomie du Plain-chant qui ſont, *vt*, *re*, *mi*, *fa*, *ſol*, *la*. Les trois premieres deſquelles ſeruent pour monter, & les trois autres pour deſcendre : ie veux dire que les vnes, à ſçauoir

A   vt

vt, *re*, *mi*, seruent pour eleüer la voix dans le chant, & les autres, à sçauoir *fa*, *sol*, *la*, sont instituées & ordonnées pour l'abaisser ; ainsi que l'on pourra remarquer dans la pratique.

Premiere obseruation des modes du Plain-chant.

Il y a trois modes, ou trois façons de chanter dans le Plain-chant, tout de méme que dans la Musique qui se voyent au dessous de la Game auec leur figure & leur nom. Le premier qui est *b mol* a ie ne sçay quoy de tendre par dessus les deux autres qui ne peut s'exprimer que par la delicatesse de quelque voix ou de quelque instrument, ie diray bien pourtant en passant que les Airs qui se chantent par *b mol* ont quelque chose de graue & de charmant qui ne se trouue point dans les autres, & i'estime que c'est pour ce sujet qu'on la qualifie de ce titre, mais pour vous donner vne connoissance plus parfaite de ses proprietez, remarquez qu'il fait tousiours dire *fa* au lieu ou Il se rencontre, qui est pour l'ordinaire en *B fa*, *b mi*, où le second *b*, est pour cette raison, vn *b mol*, dont le caractere est different du B commun.

I'ay dit que son lieu est ordinairement en *B fa*, *b mi*, parce qu'il peut encore se rencontrer en *E b mi*, *la*, comme l'on voit assez souuent dans la Musique, où il fait aussi dire *fa* tout de méme qu'en *B fa*, *b mi*, lequel *fa* on a coustume d'appeller *fa*, feint, à cause qu'il abaisse tousiours cette notte d'vn semi ton au dessous du *mi*, ou du *la*, que l'on diroit en sa place.

Seconde obseruation de *b mol*.

Le *b mol* peut se rencontrer ou au commencement du chant, & pour lors il est regulierement la premiere figure qui suit la clef dans tout ce chant, & en ce cas il faut autant que l'on peut se seruir des nottes qui sont dans la seconde colomne de la Game, parce qu'elles luy sont affectées priuatiuement aux deux autres modes : ou bien il ne se rencontre que par le milieu du chant ; & pour lors il ne sert qu'à faire chanter *fa* où il est & à faire changer la notte qui est immediattement au dessous de *re* en *la*, car s'il s'en rencontroit vne plus notte qu'il fallut chanter au dessus, ce ne pourroit être qu'vn *fa* : en *C sol vt fa*, &

non

non point vn *sol*, comme quand tout se chante par *b mol*, par où
il est facile de conceuoir que tout son employ en ce lieu n'est
que pour le *fa* de B *fa b mi*, que l'on ne sçauroit pourtant dire,
qu'apres auoir changé la notte qui est la plus proche, en *la*, sup-
posé qu'elle soit au dessous de celle du *b mol*, car si celle
qui se doit chanter la premiere, est au dessus l'on dira en
ce rencontre deux *fa* tout de suitte abaissant le second d'vn ton
tout entier par dessous celuy de ♮ *quarré*, où il n'y a iamais que
demi ton depuis B *fa*, *b mi*, iusques à C *sol vt fa*, & de
C *sol vt fa*, à B *fa b mi*, que lors que l'on y rencontre la figure de *b mol* où il y a neātmoins à remarquer que le *fa* qu'il y
fait chanter, n'est point vn *fa b mol*, mais plûtost de *nature*, ce
qui se peut iustifier par la seule veuë de la Game, puisque l'on
dit que toutes les nottes qui font sa seconde colomne se chantét
par *b mol*, celles qui cōposent la troisiéme se chantent par *nature*,
& enfin celles qui souftiennent la quatriéme appartiennent à
♮ *quarré*, tellement qu'à la question qui se peut faire, parquel
mode se chante le *fa* de B *fa b mi*, l'on ne sçauroit sans er-
reur respondre que ce soit par *b mol*, parce le *b* qui le comman-
de est placé en *nature*.

Troisiéme observation de nature & de ♮ quarré.

N'ayant rien trouué en nature qui puisse nous arrester si ce
n'est que c'est vn assemblage de nottes qui seruent tantost à
b mol, tantost à ♮ *quarré* suiuant la disposition du chant, ie passe
au mesme *B quarré* dont la figure est celle-cy ♮ : & ie dis
qu'il a le méme effet que le Diezis de la Musique qui est d'é-
leuer la notte qu'il a la plus proche de soy, d'vn demy
ton & de faire feindre agreablement la voix de celuy qui
chante, ce qu'aucun precepte ne sçauroit enseigner
comme la pratique.

Quatriéme observation des quatre lignes du Plain chant.

Comme si le Plain-chant estoit quelqne chose de moins no-
ble que la Musique, on n'a pas voulu qu'il y ait plus de quatre
lignes pour placer les notes dont il se sert, afin de ne luy pas
donner occasion de se glorifier du méme honneur & du méme

A 2

auantage

auantage que cette Princeſſe poſſede par deſſus luy. Toute la grace qu'on luy a fait, ç'a eſté de luy permettre d'adioûter quelques petits bouts de lignes au deſſus ou au deſſous des autres, quand elles n'auroient pas aſſez d'eſpace pour porter ſes tons iuſques dans leur derniere eſtenduë ; au lieu de changer de clefs & leur aſſigner differentes places que celles qu'elles occupoient au commencement.

Cinquiéme obſeruation des Clefs du Plain-chant.

Il n'admet que deux Clefs pour nous découurir tout le ſecret & toute la beauté qu'il contient dont le nom, la figure, & toute la ſituation qu'elles peuuent auoir, paroiſtront à la fin de cette remarque.

Clef de C, *ſol, vt, fa,* ſans *b mol,* & auec *b mol.*

Clef de F , *vt fa* , ſans *b mol,* & auec *b mol.*

Sixiéme obſeruation du Guidon.

Quand on rencontre vn Guidon à la fin d'vne ligne , ou dans l'eſpace blanç, où l'on trouue des nottes comme ſur les lignes, il marque qu'il faut chanter la notte qui occupe la premiere place ſur la ligne ſuiuante au ton que l'on la chanteroit, ſi elle eſtoit au lieu où eſt ledit Guidon , parce qu'elle eſt dans le méme ordre de la Game que luy, quoyqu'il ſemble quelquefois en vn autre endroit à cauſe du changement de la clef ; auſſi arriue-t'il pour l'ordinaire que ſi la ligne où il ſe voit eſtoit continuée , elle ne feroit qu'vne méme ligne auec la ſuiuante.

Septiéme

Septiéme obſervation de l'application des Principes anterieurs à la Notte.

Où vous remarquerez que i'ay aiouſté pour la plus grande facilité la lettre de la Game, au nom de chaque notte afin que vous ſçachiez en les chantant, non ſeulement quelle denomination vous deuez donner à chacune, mais encore que vous appreniez quel ordre elle doit tenir dans ladite Game, tellement que vous pouuez tirer de cette methode double fruit; le premier que vous pouuez apprendre que la premiere que vous auez à chanter deſſous eſt vn *vt*, le ſecond que c'eſt l'*vt* de G *re ſol vt*, que la ſeconde eſt vn *re*, mais que c'eſt le *re*, de A *mi la re*, & ainſi des autres.

Mais ce ſeroit peu de vous faire connoiſtre & leur nom & leur rang, ſi ie ne vous enſeignois auſſi quelque choſe de leur chant, c'eſt pourquoy ie dis que depuis l'*vt* iuſques au *la* vous n'auez qu'à eſleuer voſtre voix d'vn ton par deſſus l'autre à chaque notte excepté depuis le *mi*, iuſques au *fa*, où l'on ne remarque que demy ton, ainſi que nous auons déja touché dans la ſeconde obſeruation, & à moins que de trouuer vn ſecret particulier de faire reſonner la voix ſur le papier, on ne ſçauroit vous en apprendre dauantage.

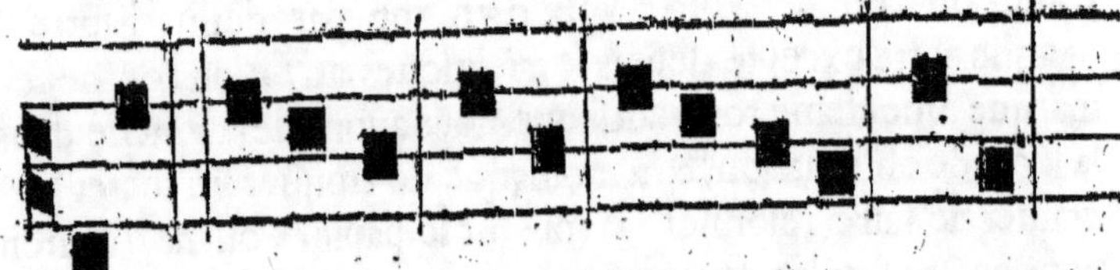

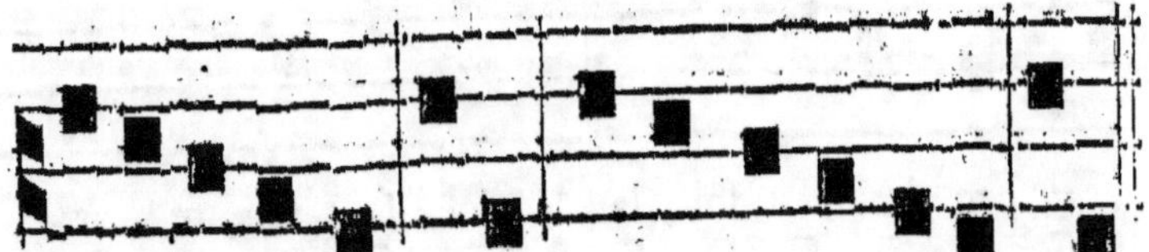

Huitiéme obſervation du ton des nottes eſloignées les vnes
des autres.

Pour trouuer facilement le ton de ces Nottes dont vous auez
cy-deſſus vn exemple, vous n'auez qu'à chanter celles qui ſe-
roient entre deux, ſi tout eſtoit rempli, & omettre par apres le
ton

ton des superfluës, ie veux dire de celles que vous y auez ajoû-
tez & conseruer vne forte idée des deux extremes dont vous
demãdez le ton, & vous auez ce que vous cherchez. Par exemple, vous desirez de sçauoir comme se doiuent chanter les deux
Nottes suiuantes *vt*, *mi*, lesquelles sont distantes entre elles du
re, chantez les toutes trois de suitte, & puis oubliez ou pour le
moins omettez le ton du *re*, dont vous n'auez besoin que pour
vous conduire au *mi*, & vous auez tout le secret de l'affaire,
faites en de méme pour trouuer le ton d'*vt*, *fa*, d'*vt*, *sol*, d'*vt*,
la, de *la*, *fa*, & ainsi des autres, mais auparauant faites en sorte
de bien apprendre les tons des six premiers qui sont le fonde-
mens de tout le reste.

Seconde application de nos obseruations à l'egard des muances.

PRECEPTE.

Auparauant que de faire l'enumeration des muances, l'ordre
demande que nous en sçachions la definition, & pour y satisfai-
re, ie dis que ce terme de muance ne signifie autre chose dans
le Plain-chant, ny méme dans la Musique, qu'vn changement
de notte qui s'y fait lorsque le chant monte plus haut que le
la, d'E, *b mi*, *la*, ou qu'il descend au dessous de l'*vt*, de G
re, *sol*, *vt*.

Mais remarquez que ce changement est different suiuant
la diuersité du chant, car nonobstant qu'il se fasse tousiours en
D *la*, *re*, *sol*, & non en A *mi*, *la*, *re* : si est-ce que ce n'est pas toûjours de méme façon. Et en effet il est tout different dans le
chant de *b mol*, d'auec celuy d. ♮ quarré, il est encore different
en montant & en descendant.

Car en *b* mol pour monte rla premiere muance se fait ve-
ritablement en A *mi*, *la*, *re*, mais c'est le *mi* qu'on y chante
en la place du *re* dont l'on se sert de ♮ quarré, le *la* y est
pourtant commun à l'vn & à l'autre chant pour décendre.

Au contraire le *re* de D *la*, *re*, *sol*, en commun pour monter, & pour descendre *b mol* se sert du *la*, & ♮ quarré du *sol*.
Par où vous voyez qu'il n'y a pour tout que 2. muances que la pratique vous fera comprendre.

Muances par b mol.

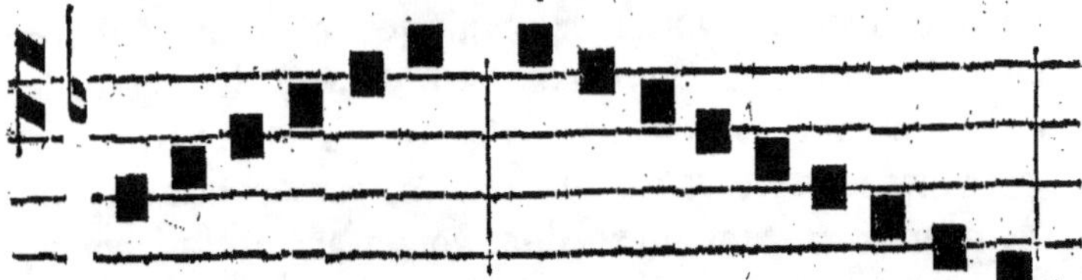

vt, re, mi, fa, fol, la , la, fol , fa , la, fol, fa , mi , re, vt.
F, G, A , B.C, D , D, C, B, A, G, F, E , D, C.

vt, re , mi, fa, fol , la, fol , fa, la, fol, fa, mi.
F, G, A', B, C, D, C, B, A, G, F, E.

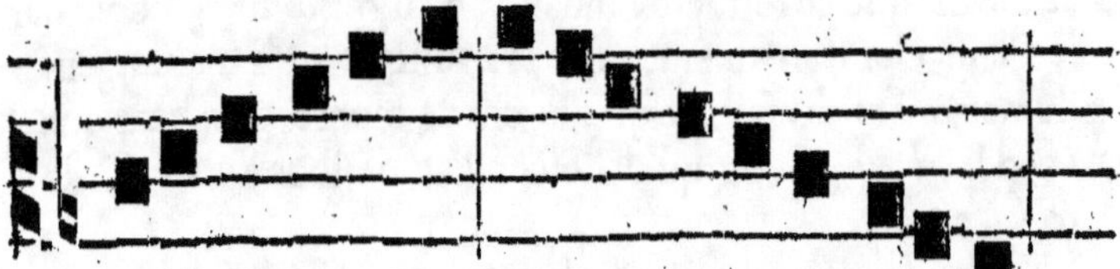

vt, re, mi, fa, fol, la , la, fol, fa, mi, la, fol, fa, mi, re,
C, D, E, F, G , A , A, G, F, E , D, C, B, A , G.

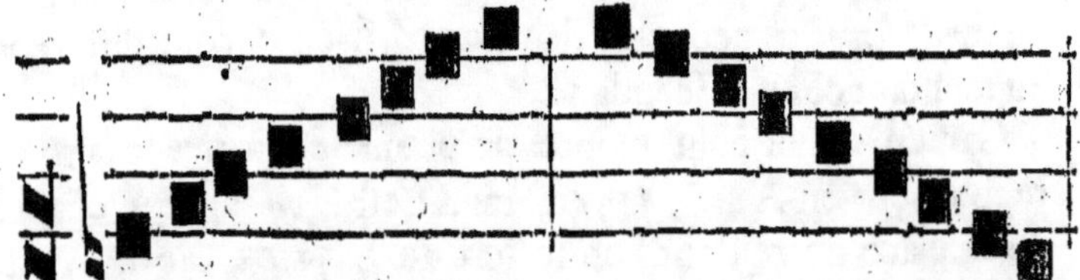

vt, re, mi, fa, re mi, fa, fol , fol, fa, la fol, fa mi la, fol fa.
C, D, E, F, G, A, B, C , C, B, A, G, F, E, D, C, B.

Muances par ♮ quarré.

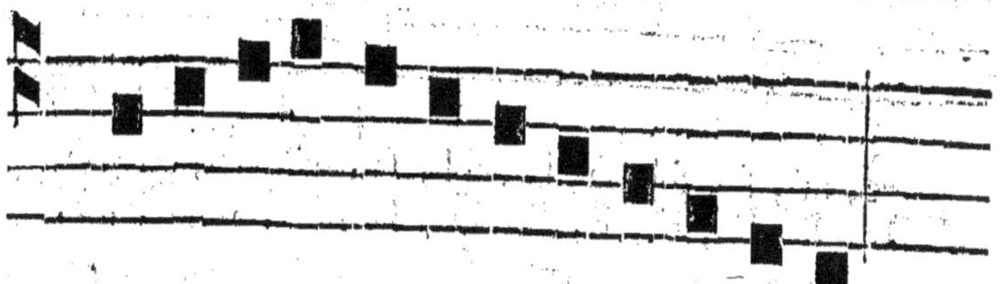

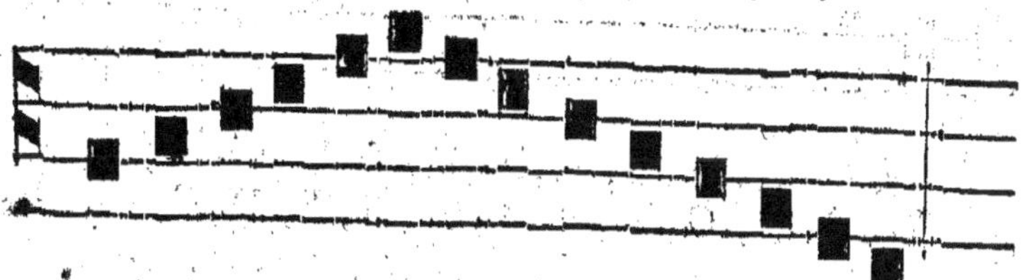

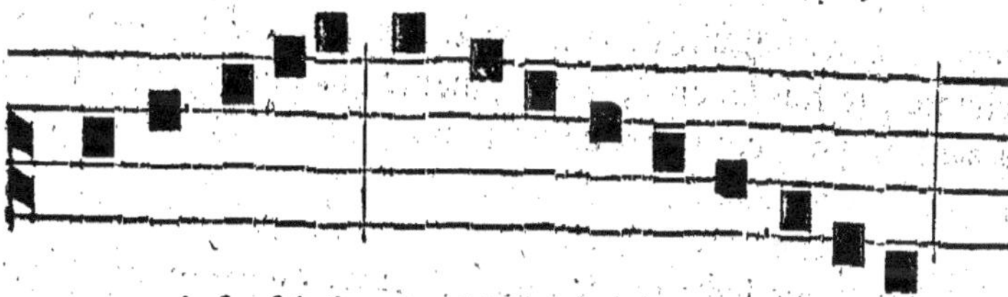

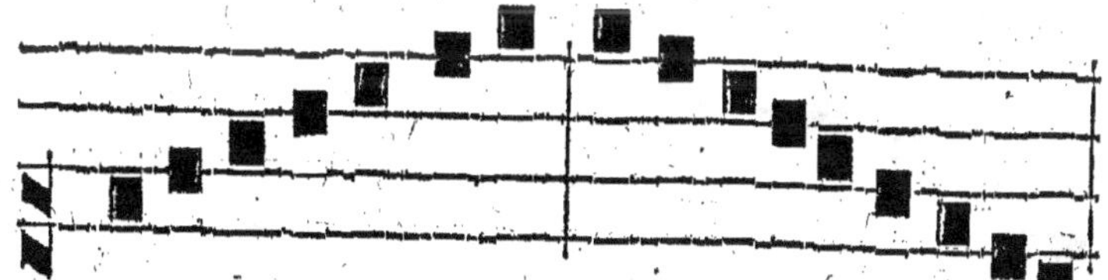

C   re.

re , mi , fa , sol , fa , la , sol , fa , mi , la , sol , fa.
D , E , F , G , F , E , D , C , B , A , G , F.

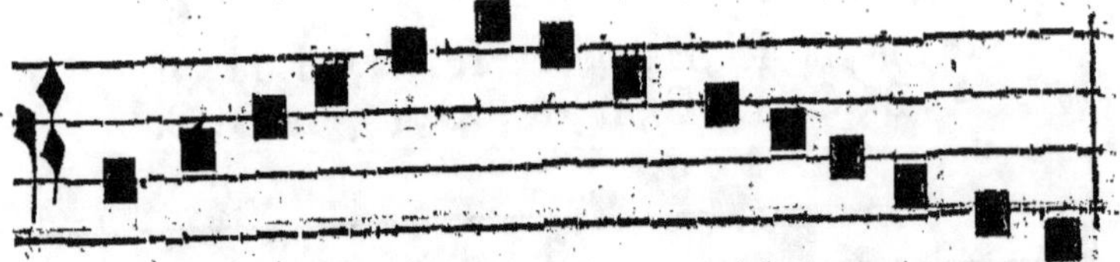

re , mi , fa , sol , la , fa , la , sol , fa , la , sol , fa , mi , re.
D , E , F , G , A , B , A , G , F , E , D , C , B , A.

Diziéme observation du fa, de B fa, b mi, sans b mol.

Vous auez pû remarquer dans la derniere application que
nous venons de faire de la notte à nos preceptes , que l'on
chante par fois *fa*, en *B, fa, b mi*, même quand il n'y a point de
b mol ; or pour connoître ce *fa*, dont il est question, il n'y a qu'à
prendre garde à la disposition des nottes qui sont dans la remarque superieure, ou vous verrez qu'il n'y en a point de
plus haute que ledit *fa*, & que les deux plus prochaines sont
deux *la*, en *A, mi, la, re*.

Continuation des Muances.

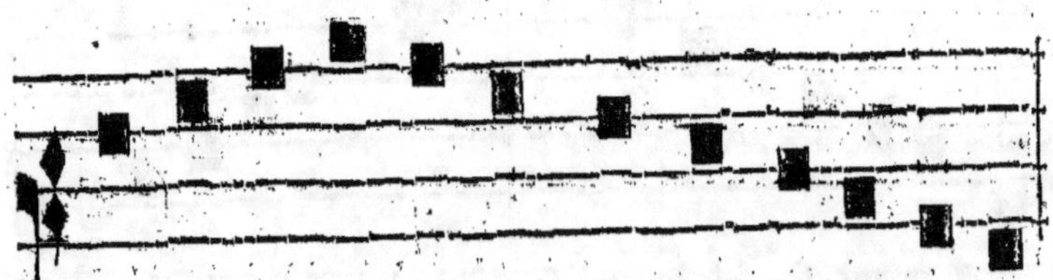

re , mi , fa , sol , fa , mi , la , sol , fa , mi , re vt.
A , B , C , D , C , B , A , G , F , E , D , C.

re, mi

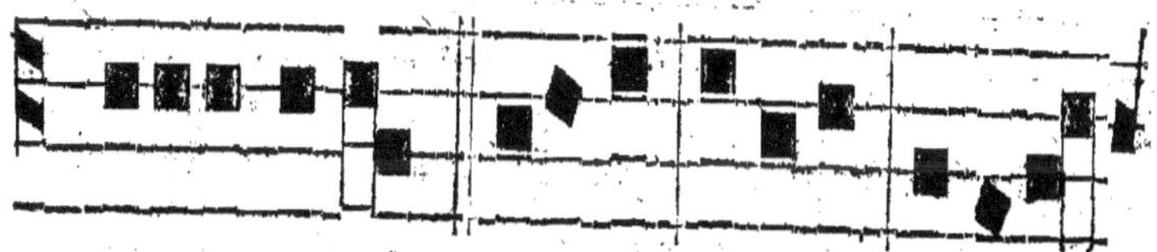

L'on ne blaſmeroit pas celuy qui diroit *fol, la, fa*, au lieu de
re, mi, fa, dans la derniere application des nottes qui ſont cy
deſſus; parce que nonobſtant que la regle generale des muances veuille que l'on chante *re, en D lare fol*, d'abord que l'on
rencontre des nottes au deſſus d'E, *b, mi, la*, ſi eſt-ce pourtant
qu'il eſt aſſez libre de s'en diſpenſer pour y dire *fol*, pourueu
qu'il n'y ait qu'vne ſeule notte au deſſus dudit E, *b mi, la*, comme vous voyez dans l'exemple prealleguê, car ſuppoſez qu'il
s'y en rencontra ſeulement deux, il faudroit indiſpenſablement
faire muance.

Troiſiéme application des petits reſponſoires de Complie en chaque
ſaiſon de l'annêe, à cauſe de leur facilité, & premierement
pour l'Aduent.

meum.
fa fa, mi.
C, B.

L'on repette encor In manus, &c.

Verſet.
Rede miſti   nos   Domine Deus
vt, re fa, fa   fa
G, A, C, C,   C,

verita   tis.
fa , re , mi, fa ; ſol, fa, fa, ſol. *L'on repette*
C, A , B , C , D , C , D,   Commendo, &c.

Gloria Patri ,   & Fi lio ,   & Spiritui
ſol , ſol, la , la ſol , la , fa ,   fa , mi , re,
D , D , E , E, D , E , C , C , B , A,

ſancto.
mi fa , ſol , fa , ſol.
B , C , D , G , A.

Onzième obseruation de la diuersité des nottes , quant à leurs figures, de l'application de la lettre qu'on leur doit faire , & des petites lignes qui coupent les autres.

Ce feroit trop éprouuer voftre curiofité de paffer plus auant fans vous decouurir le myftere que nous entendons la differente fabrique de nos nottes dont les vnes font quarrées' mais toutes fimples , les autres font tirées en pointe à la façon des lozanges du blafon ; l'on en voit qui font liées par enfemble comme par de petits filets, en d'autres dont les liaifons font auf-fi groffes dans le milieu que dans leurs extremitez; & enfin il y en a qui trainent vne grande queuë qui femble leur donner le rang par deffus les autres , lefquelles pour n'en point auoir paroiffent eftre de moindre qualité qu'elles.

Il ne faut pas eftre trop éclairé pour comprendre en peu de temps ces apparentes difficultez. Car pour le regard des pre-mieres, à fçauoir des fimples quarrées , & qui par conféquent n'ont point de queuë, elles ne renferment aucun autre fecret, finon qu'il faut foûtenir la fyllabe qui leur eft appropriée vn peu plus long-temps que fur les autres : & pour cette raifon on peut les differentier des fecondes par le nom de longues, parce qu'en effet celles qui font faites en forme de lozanges font inuentées pour obferuer la quantité dans le chant comme vous pouuez remarquer dans le *Gloria* du Refponfoire bref de Complies que ie vous ay déja dónné , & pour la méme raifon on les peut nommer nottes brefves.

Quant à la queuë que les vnes portent par deffus les au-tres, on ne luy donne pas vne autre proprieté que d'embellir le chant par leur varieté qui eft recommandable dans tous les corps, finon dans les hymnes & dans les profes où la notte qui la porte doit eftre plus longue que les autres pour y obferuer la cadance qui eft propre à cette forte d'airs.

La difficulté eft vn peu plus confiderable à l'égard des liai-fons & l'intelligence en eft encore plus vtile pour laquelle il faut fçauoir qu'on ne doit jamais chanter plus que d'vne fyllabe fur toutes les nottes liées , que l'on applique fur la premiere &

D   Si

l'on ne fait que chanter le ton des autres auec la méme syl-
labe.

Si vous prenez la peine de repasser sur vos pas vous trou-
uerez vn exemple de cette remarque au *Sancto* de voftre refponfoire où vous auez deu donner deux nottes à la premiere
fyllabe de cet augufte mot, & trois à ia derniere.

Pour acheuer heureufement nôtre onziéme obferuation, ie
fuis obligé de vous faire remarquer que les lignes qui couppent
les autres n'ont point d'autre employ dans le Plain-chant, finon d'y marquer autant de pofes, afin d'euiter la confufion de
ceux qui voudroient anticiper quelque chofe par deffus les
autres.

Second refponfoire pour le cours de l'année.

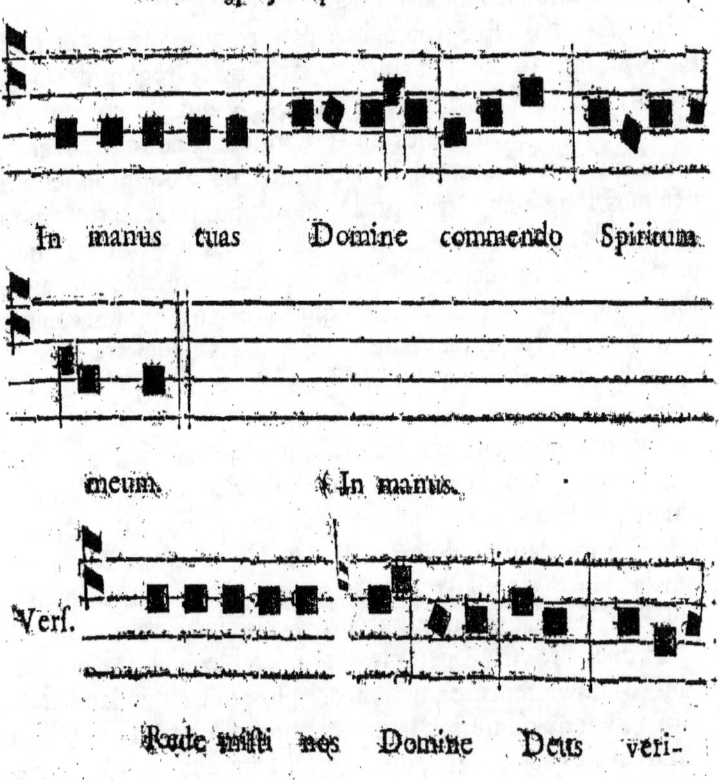

Voſtre conduite a eſté iuſques icy aſſez ſeure à la faueur des
lettres que ie vous ay touſjours marqué au deſſous des nottes
comme autant de guides infaillibles que ie vous donnois pour
vous indiquer vne voye tres-facile pour les connoiſtre ; mais
ſans doute vous marcheriez maintenant bien à l'aueugle, ſi ie
n'en ſuppleois quelqu'autre à leur deffaut, ce ſera le

Quatrième Principe qui enſeigne à connoiſtre les nottes tant de b
mol que de quarré dans la clef de C, ſol, vt, fa,
ſans que leur nom paroiſſe
au deſſous.

C'eſt vne maxime certaine qu'en quelque part que
cette clef ſoit placée, la ligne qui la ſouſtient eſt touſiours
celle de *C. ſol, vt, fa,* celle qui eſt immediatement au deſſous, eſt
la ligne d'*A, mi, la, re,* la troiſiéme, celle de *F, vt, fa,* & enfin la

D 2   qua

quatriéme est celle de *D, la, re, sol.* Supposés que la clef soit la premiere d'en haut. Il n'est pas moins constant que le premier espace blanc apparoit entre la ligne de *C, sol, vt, fa,* & celle d'*A, mi, la, re,* est l'espace de *B fa, b mi* ; que celuy qui le suit de plus pres, est celuy de *G re sol, vt :* Le troisieme, celuy d'*E b mi, la,* & le quatriéme enfin sera l'espace de *C sol vt, fa,* & l'octaue de vostre clef.

Que si ladite clef est à la quatriéme ligne d'en bas, vous l'appellerez bien tousiours ligne de *C sol vt fa,* mais la seconde en montant sera celle de *E, b mi la,* la troisiéme celle de *G, re sol vt,* & la quatriéme enfin s'appellera la ligne de *B, fa b mi.*

Venons maintenant aux espaces & disons que celuy qui est immediatement au dessus de la clef, est l'espace de *D la re, sol,* le second sera celuy de *F vt, fa,* le troisiéme celuy d'*A mi, la, re,* & le quatriéme celuy de *C sol vt fa,* & l'octaue de l'autre.

Il ne faut pas raisonner de la méme façon pour le regard de la clef de *F, vt, fa,* car supposez qu'elle soit à la premiere ligne d'en haut, ladite ligne portera le nom de la clef qui l'occupe, mais la seconde ne sera plus d'*A mi, la, re,* comme dans l'autre, au contraire ce sera celle de *D la re, sol,* & l'espace d'entre deux, sera celuy d'*E b mi la,* la troisiéme se nommera de *B fa, b mi,* & l'espace quelle fait auec la seconde sera, de *C sol, vt, fa ;* la quatriéme prendra *G re, sol, vt,* pour sa marque differentielle, & l'espace qu'elle establit auec la troisiéme se qualifiera d'*A, mi, la, re,* & le dernier, de *F, vt fa,* comme son octaue.

Faisons la maintenant descendre à la quatriéme d'en bas & luy donnons le méme nom qu'à celle d'en haut, la seconde aura *A mi, la, re,* pour son titre, & l'espace qu'elles font entre, prendra *G, re sol vt* pour le sien ; la troisiéme aura *C sol vt fa* pour partage, & le second espace aura *B fa b mi ;* la quatriéme s'appropriera *E b mi la ;* le troisiéme espace se donnera à *D la re sol ;* & le dernier representera l'octaue de *F vt fa.*

Si vous voulez vne demonstration de ce partage aussi certaine que celle de mathematique, vous n'auez qu'à remonter à vostre Game & vous y verrez la chose claire comme le iour. Adressez-vous par exemple à *C sol vt fa,* qui est vne des clefs, & l'appliquez si vous voulez sur la premiere d'en haut à laquelle vous donnerez le méme nom de *C sol vt fa,*

vous

vous n'aurez qu'à fuiure enfuitte le refte des lignes & des
efpaçes en leur affignant aux vns & aux autres vne des claffes
de ladite game chacune dans fon rang comme vous l'y trouue-
rez,& vous aurez trouué tout le fecret , pourueu que vous pre-
niez garde de faire cette application comme il eft à propos, c'eft
à dire en contant lefdites claffes de la game au deffous de la
clef lorfque les nottes que vous voudrez connoiftre feront au
deffous dicelle, & au contraire de conter au deffus quand elles
y feront. La pratique qui fuit vous enfeignera fans peine celle
que vous demandez , pourueuque vous vous fouueniez de ce
que nous auons dit cy deuant que l'*ut* , le *re* , & le *mi* font pour
monter, & que le *la*, le *fol*, & le *fa* font pour defcendre.

Pratique du Principe precedent.

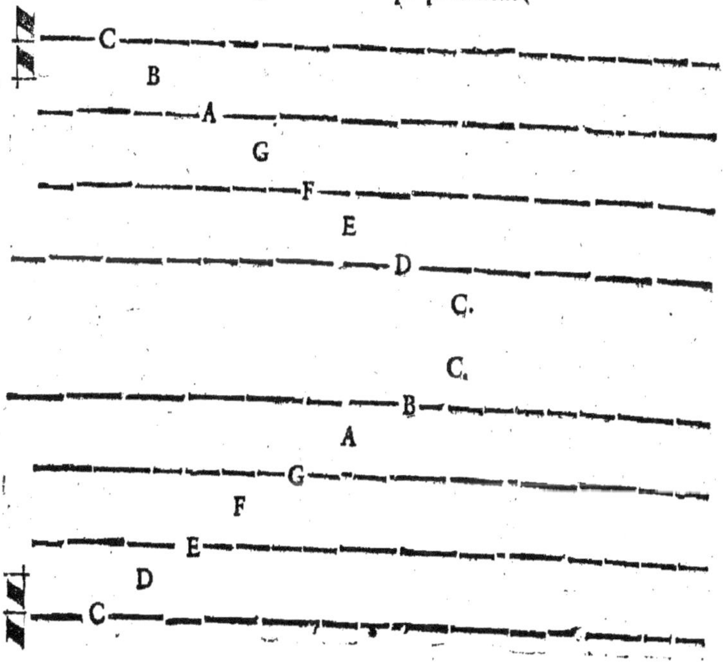

C
B
A
G
F
E
D
C.

C.
B
A
G
F
E
D
C

E

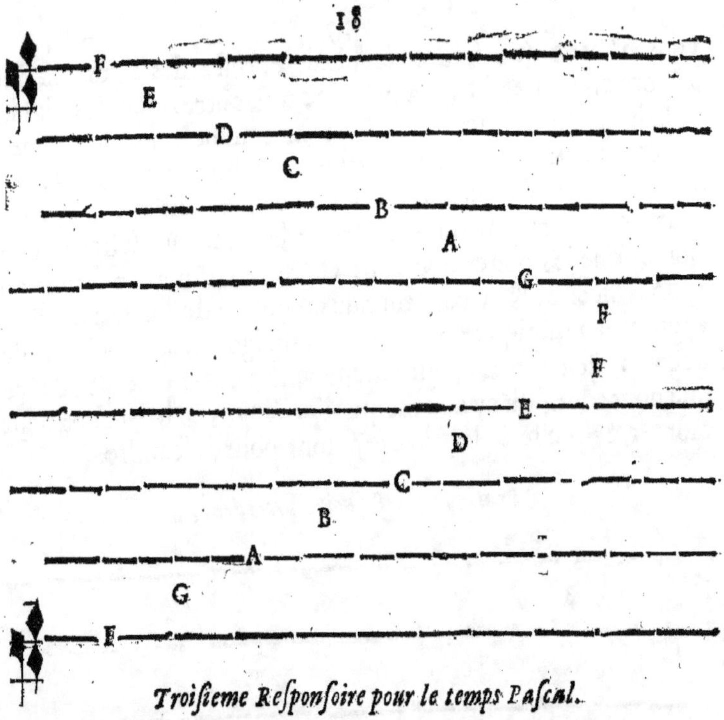

F
E
D
C
B
A
G
F

F
E
D
C
B
A
G
F

Troisieme Responsoire pour le temps Pascal.

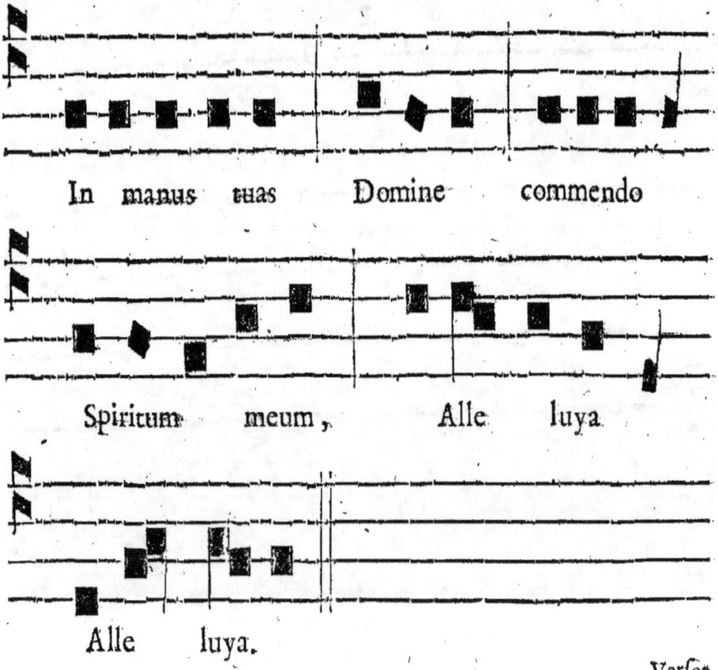

Verset

Il est temps maintenant de passer au huit tons sous lesquels se chantent toutes sortes d'Antiennes, de Respons, & de Pseaumes; mais pour en auoir vne intelligence parfaite, il faut bien posseder les principes suiuans.

Cinquieme principe pour connoistre la finale & la dominante de chaque Antienne & de chaque Pseaume.

Pour antonner bien regulierement vne Antienne auec le Pseaume qui luy conuient, il faut sçauoir deux choses. Il est premierement neceſſaire de connoitre la finale de l'vne, & la dominante de l'autre afin de les pouuoir chanter tous deux de même ton ; car celuy-là paroitroit extremement ridicule, ou du moins peu intelligent dans la ſcience du Plain-chant lequel antonneroit vn Pſeaume du quatriéme ou du cinquiéme ton apres auoir chanté ſon antienne du ſecond ou du premier.

Or puiſque toute cette ſcience ne conſiſte qu'à connoiſtre la finale & la dominante dont nous venons de parler, vous en aurez intelligence auſſi-toſt que vous aurez conceu que la finale eſt cette derniere notte qui termine l'Antienne & non pas le Pſeaume, & que la Dominante eſt celle qui eſt au deſſus d'E-uouae, ou bien au deſſus des deux mots ſuiuans *Sæculorum Amen* des voyelles deſquels le premier eſt formé.

Il faut ſçauoir qu'il y a quatre finales ſur leſquelles toutes les Antiennes roulent qui ſont le *re* de *D la re, ſol*, le *mi*, de *mi la*, le *fa* d'*F, vt fa*, & l'*vt* de *G, re, ſol, vt*. La premiere deſquelles eſt pour le premier & ſecond ton : la ſeconde, eſt pour le troiſiéme & quatriéme : la troiſiéme, pour le cinquiéme & le ſixiéme : & quatriéme, pour le ſeptiéme & huitiéme. Il faut encore apprendre qu'il y en a trois autres pour deſigner la dominante qui ſont *la, ſol, fa*, dont la premiere ſert au premier, au quatriéme, & au ſixieme ton ; la ſeconde, au ſecond, au troiſieme, au cinquiéme, & au huitiéme ; & la troiſiéme, ſeptiéme.

Les vers ſuiuans vous ſeruiront de memoire locale pour vous faire reſouuenir des vnes & des autres ; dautant que leurs premieres nottes ſont les finales dont vous auez beſoin ; & les dernieres ſont dominantes que vous cherchiez.

pri. *re, la.* ſec. *re, fa.*
ter. *mi, fa.* Quart. *mi, la.*
Quint. *fa, fa.* Sext. *fa, la.*
Sept. *vt, ſol.* oct. tenet *vt, fa.*

Si vous en voulez vne entiere explication, c'eſt que la finale du premier ton, exprimée par *pri*, eſt le *re*, de *D, la, re, ſol*, & ſa dominante eſt le *la*, d'*A, mi, la, re* : la finale du ſecond ſignifiée par *ſec*, eſt encore le *re*, de *D la, re, ſol*, & ſa dominante
eſt le

eſt le *fa*, d'*f*, *vt*, *fa*. La finale du troiſiéme eſt le *mi*, de *b*, *mi*, *là*.
Et ſa dominante eſt le *fa*, de *C ſol*, *vt*, *fa*. Le quatriéme a le *mi* de
b mi, *la* pour ſa finale ; & le *la*, d'*A*, *mi la*, *re*, pour dominante. Le
cinquiéme a le *fa*, d'*F*, *vt*, *fa* pour la finale, & le *fa*, de *C ſol*, *vt*, *fa*.
Le ſixiéme prend le *fa*, d'*f*, *vt*, *fa*, pour finale, & le *la*, d'*A*, *mi*, *la*,
re, pour dominante. Le ſeptiéme prend l'*vt* de *G*, *re*, *ſol*, *vt*, pour
finale ; & le *ſol* de *D*, *la*, *re*, *ſol*, pour dominante. Le huitiéme
enfin ſe ſert de l'*vt*, de *G*, *re*, *ſol*, *vt*, pour ſa finale ; & du *fa*, de
C ſol, *vt fa*.

Application du dernier principe aux Antiennes & aux Pſeaumes,
touchant les huit tons reguliers & irreguliers.

Remarquez premierement que le fondement du dernier
principe eſt ſeulement fondé ſur la premiere terminaiſon de
chaque ton, autrement la dominante que la derniere notte de
nos petits vers deſigne, ſeroit fauſſe dans la plus part, & par ce
moyen nous n'aurions aucune regle aſſeurée pour les connoître ; ce que neantmoins nous faiſons parfaitement bien en
nous attachant à cette premiere terminaiſon.

Remarquez en ſecond lieu que les Cantiques comme le
Benedictus & le *Magnificat* ont quelque choſe de plus ſolemnel
que les Pſeaumes communs ; ainſi que la pratique vous l'en-
ſeignera.

Antienne du premier ton.

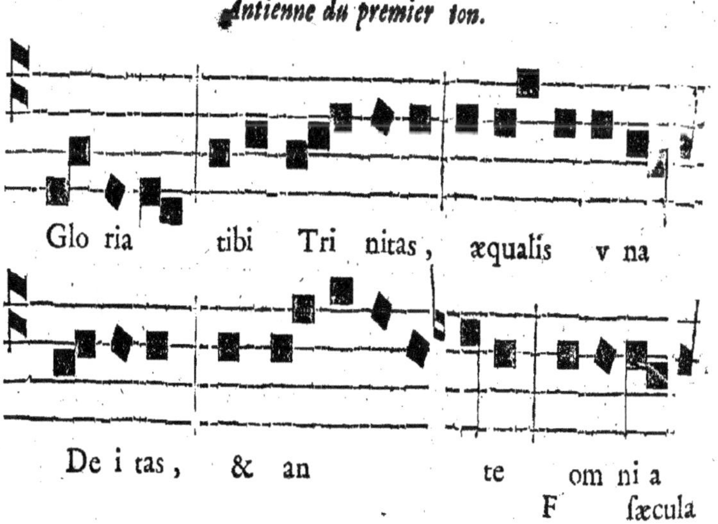

Premier ton auec fes differentes terminaifons pour les doubles.

A dextris

Les semidoubles, simples & feriaux , & les petites heures des dos doubles se commencent comme s'enfuit.

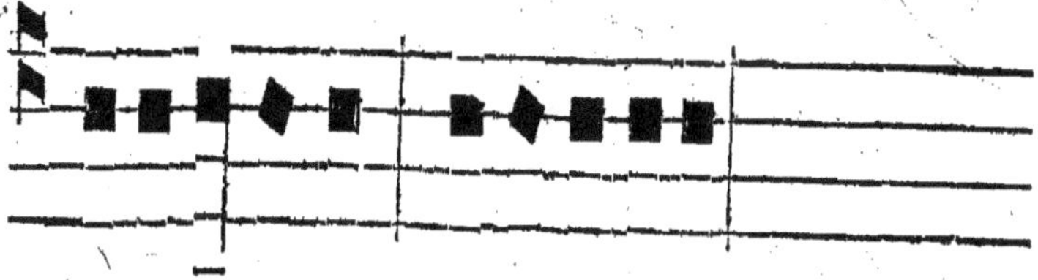

Ils se finissent par quelqu'vne des dernieres terminaisons des doubles.

Les Cantiques pour les doubles , semidoubles & simples se commencent , & se finissent de même.

Antienne du second ton,

F 2   patui

Pour les doubles.

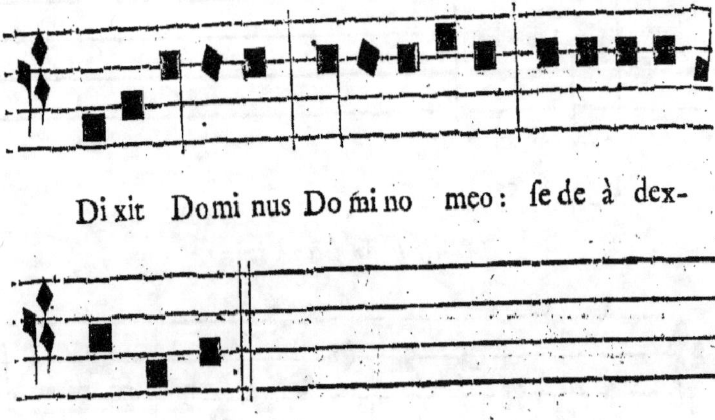

Les

Les semidoubles, simples & feriaux se commencent comme s'enfuit.

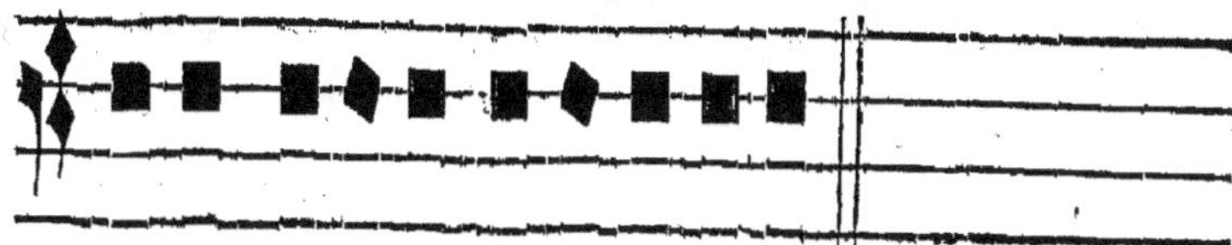

Di xit Do mi nus Do mi no me o.

Ils se finissent comme les doubles.

Les Cantiques se commencent comme s'ensuit & se finissent comme les Pseaumes communs pour les doubles.

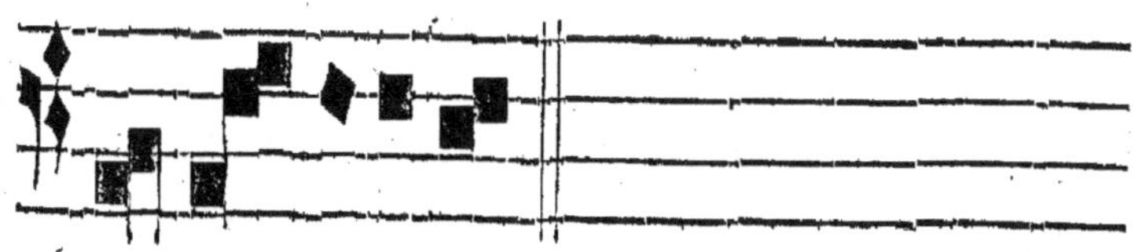

Magni fi cat

Pour les semidoubles, simples & feriaux.

Magni fi cat , a ni ma me a Do mi num.

Antienne du troisiéme ton.

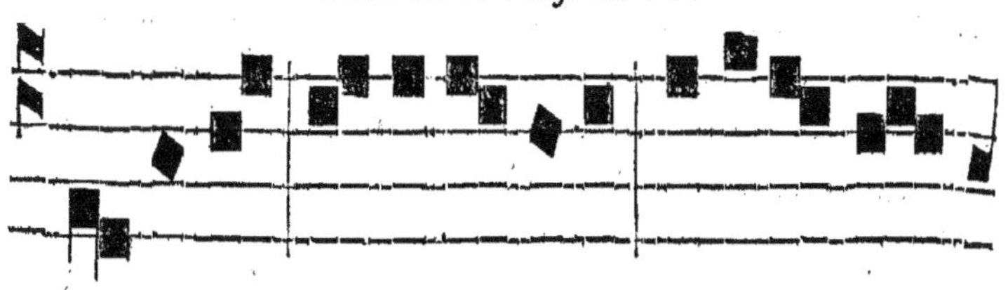

Glo ri a Lau dis re so net in o re om-

G nium

Troisiéme ton auec ses terminaisons pour les doubles.

G 2   Quatriéme

Les semidoubles, les simples, & les feriaux se commencent comme s'ensuit & se finissent comme les doubles.

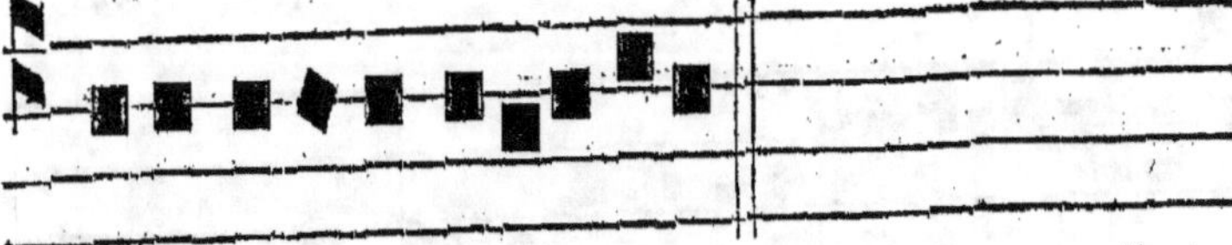

Les Cantiques se commencent & se finissent comme s'ensuit.

Et

Et Ex ul ta uit Spi ri tus me us.

Antienne du cinquiéme ton.

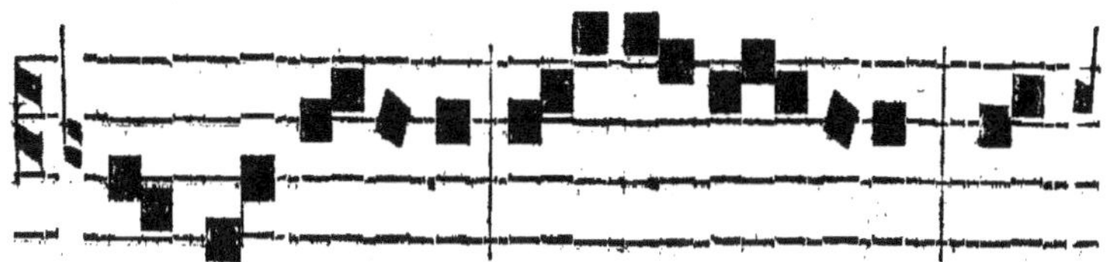

Per quem om ni a , per quem om ni a , in

quo om nia, ip fi glo-

ri a in fæ cu la.

Cinquiéme ton pour les doubles.

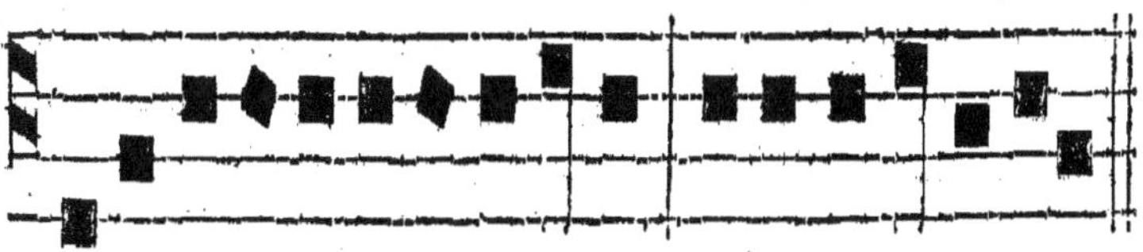

Dixit Dominus Domino meo: fede à dextris meis.

H *Les*

Les semidoubles, les simples, & les feriaux se commencent comme
s'ensuit, & se finissent comme les doubles.
Di xit Do mi nus Do mi no me o.

Les Cantiques se chantent comme s'ensuit.
Magni fi cat, a ni ma me a Do mi num.

Antienne du sixiéme ton.
O quàm su a uis est
Do mi ne Spi ri tus
tu us qui vt dul ce di nem
tuam

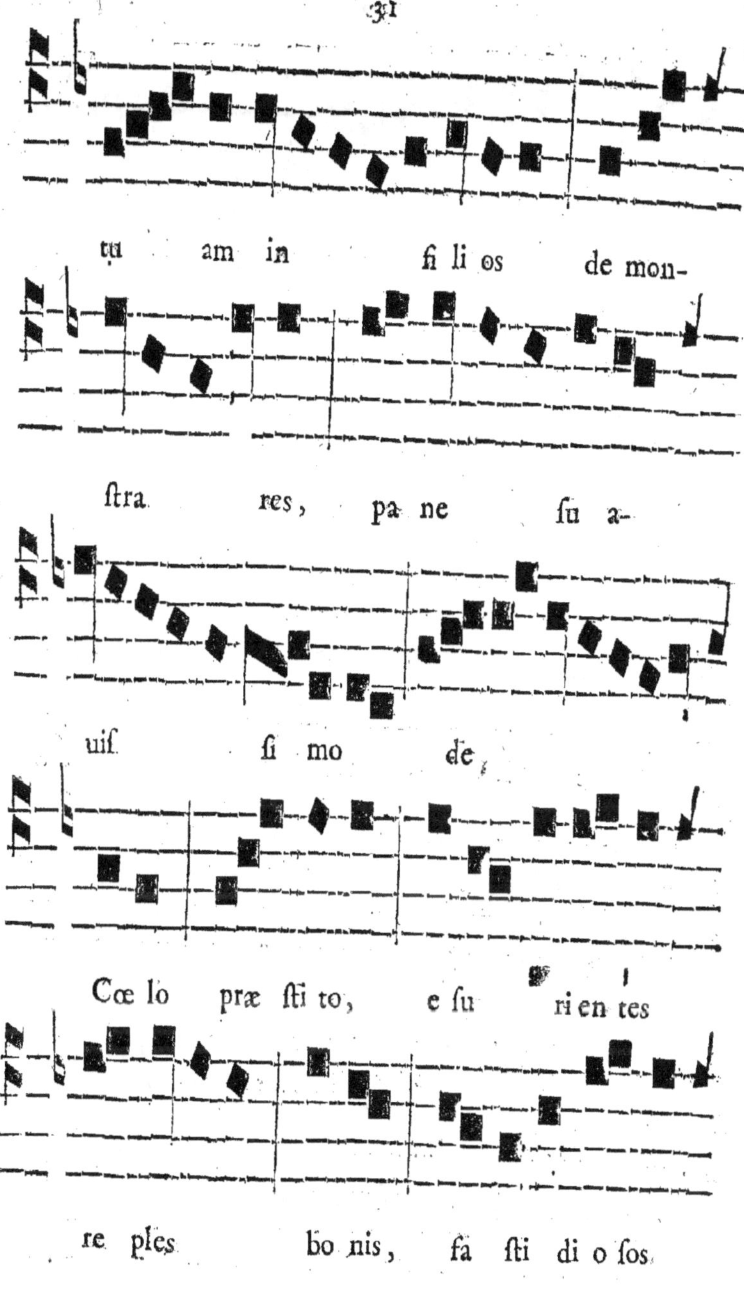

tu am in fi li os de mon-
ftra res, pa ne fu a-
uif fi mo de
Cœ lo præ fti to, e fu ri en tes
re ples bo nis, fa fti di o fos

H 2 diuites

Le sixiéme ton pour les doubles.

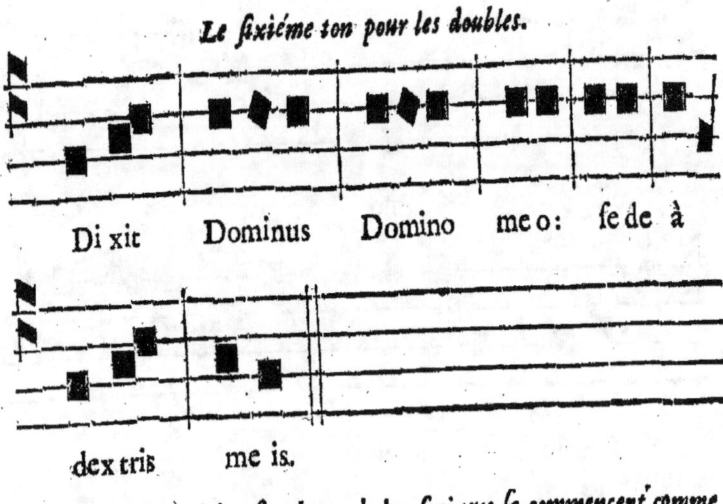

Les semidoubles, les simples, & les feriaux se commencent comme s'ensuit & se finissent comme les doubles.

Les Cantiques se chantent comme les Pseaumes doubles.

Mag ni fi cat.

Antienne pour le septiéme ton.

Af sumpta est Ma ri a in Cœlum gau-

dent An ge li lau dan tes be ne di cunt

Do mi num.

Le septiéme ton auec ses differentes terminaisons, pour les doubles.

Di xit Do mi nus Do mi no me o: se
I de à

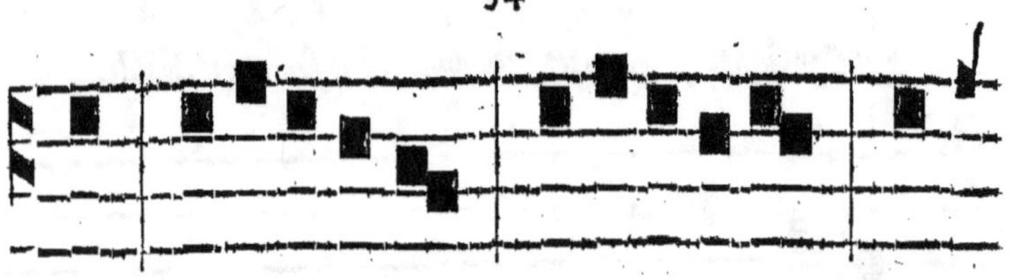

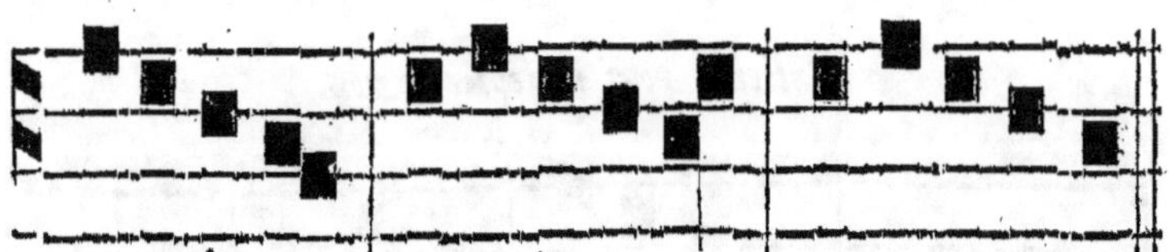

Les semidoubles, les simples, & les feriaux se commencent comme s'ensuit & se finissent comme les doubles.

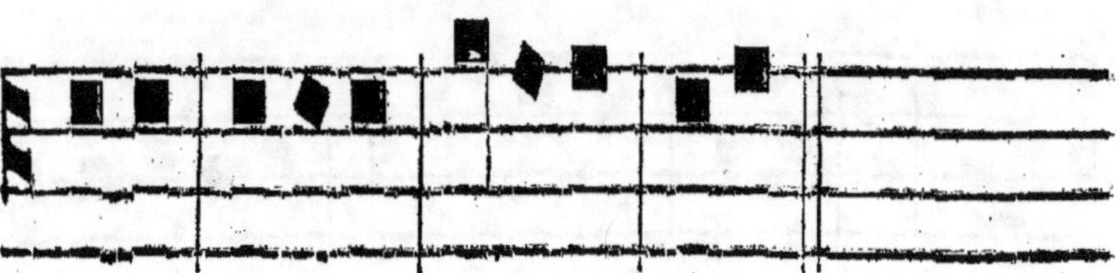

Les Cantiques se commencent en deux façons & se finissent comme les doubles.

Antienne

Huitiéme ton auec ses differentes terminaisons pour les doubles.

I 2   *Les*

Les semidoubles, les simples, & les feriaux se commencent comme s'ensuit, & se finissent comme les doubles.

Les Cantiques se chantent differemment suiuant la solemnité de l'Office.

Le huitiéme ton irregulier.

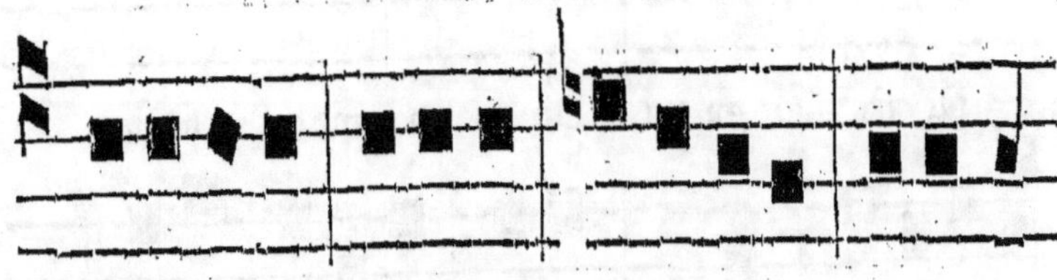

Iacob

Remarquez que quand la seconde mediation se fait par quelque diction qui se peut decliner , elle se chante comme s'enfuit.

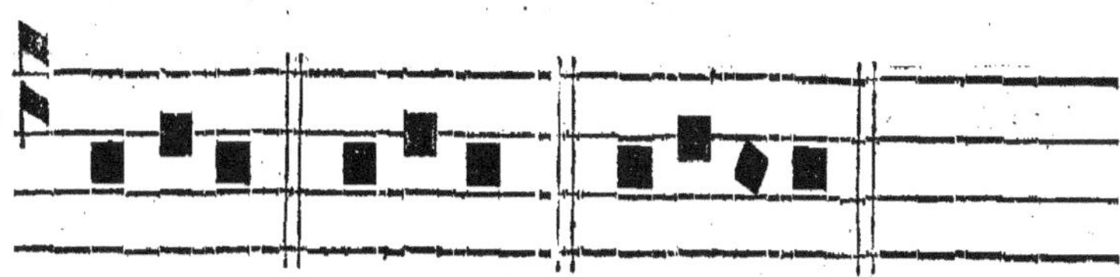

Lors qu'elle se fait par quelque diction indeclinable , elle se doit chanter comme il se voit dans l'exemple suiuant.

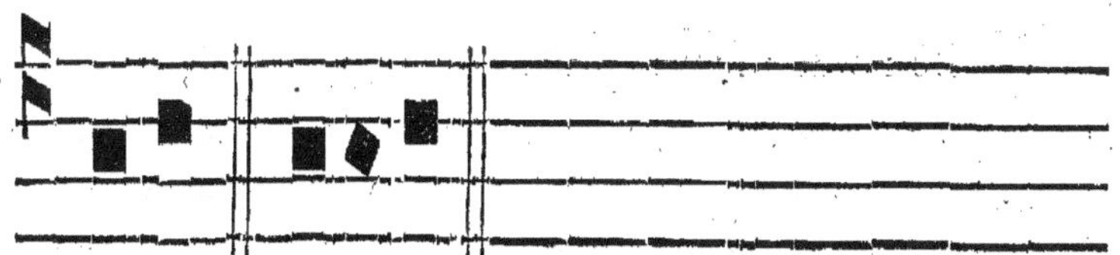

Du Verset Benedicamus *pour les premieres vespres des doubles.*

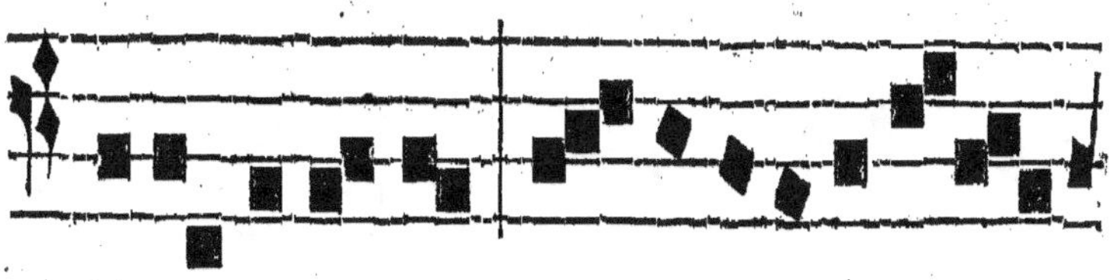

K   mino

Pour les Laudes.

Pour les secondes vespres.

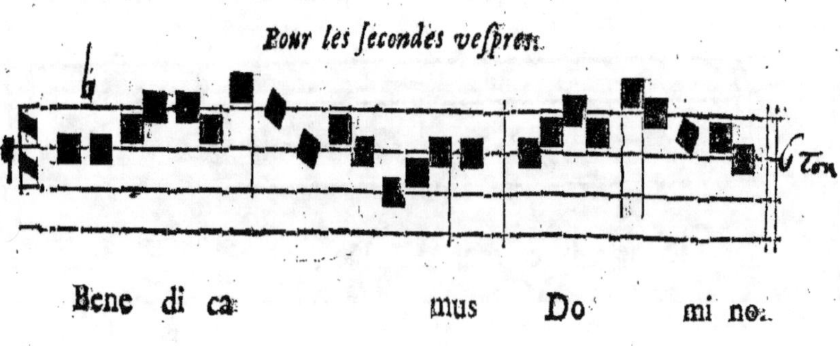

Pour

Pour les premieres & secondes Vespres, & Laudes mémé, des doubles, du temps Paschal.

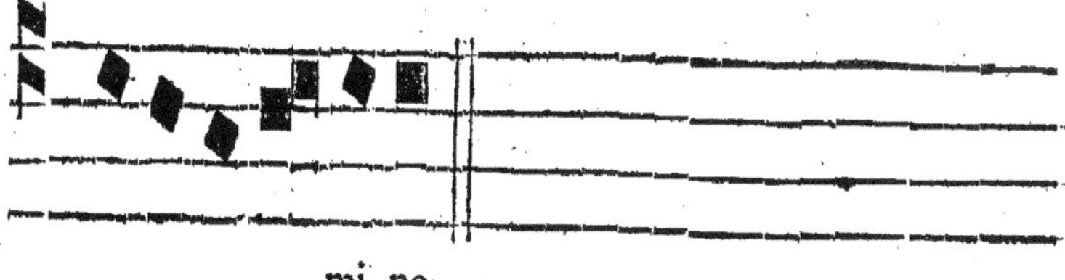

Pour les semidoubles à toutes les Vespres & Laudes.

Autres

Sixiéme principe pour connoître le ton des Introites, des Graduels, & des Respons.

Ce seroit vous celer vne des principales pieces qui compo-
sent le Plain-chant, que de ne vous pas apprendre à connoître

tre le ton des Introites, de ſes Graduels, & de ſes reſpons pour
découurir ce ſecret, il ne faut que ſçauoir que les tons pairs, comme le ſecond, le quatriéme, le ſixiéme & le huitiéme deſcendent beaucoup au deſſous de leur finale, & montent peu au
deſſus : c'eſt à dire qu'ils peuuent deſcendre de quatre ou cinq
tons au deſſous de cette méme finale; & ne montent que de
cinq pour l'ordinaire, de ſorte que s'ils deſcendent quelquefois
de ſix, c'eſt par licence, plutoſt que par aucun priuilege qu'ils
en ayent.

Les impairs au contraire deſcendent peu, à ſçauoir de deux
tons, & de trois, par licence; on les voit méme quelquesfois
deſcendre iuſques à quatre, auſſi eſt-ce fort rarement : mais ils
montent beaucoup, ie veux dire qu'ils peuuent monter iuſques
à neuf tons.

Remarquez que l'on peut encore connoître le ton de chaque
reſpon par la dominante de ſon verſet, ce qui eſt tres-facile,

Apres vous auoir donné les pricipes neceſſaires au Plain-
chant, ie croirois de vous deuoir encore quelque choſe, ſi ie ne
vous auertiſſois de deux deffauts qui s'y commettent bien ſou-
uent. Le premier eſt de ceux, leſquels s'engagent inconſideré-
ment dans des reſpons, ou dans d'autres parties du chant ſans
en preuoir l'eſtenduë, & ſans conſulter le port de leur voix, d'où
il arriue que ne pouuans quelquefois continuer ce qu'ils ont
commencé, ils ſe trouuent au bout de leur carriere, auparauant
que d'en auoir bien fait la moitié du chemin, le ſecond eſt celuy
qu'on appelle le point de Sauetier, qui ſe fait lors que l'on s'ar-
reſte, ie veux dire que l'on fait ceſſer le ſon de ſa voix ſur quelqu'vne des premieres ſyllabes qui compoſent le mot que l'on
chante à laquelle il n'y a qu'vne notte affectée, ou que l'on s'ar-
reſte ſur la derniere notte de cette méme ſyllabe, ſuppoſé
qu'elle en aye pluſieurs, parceque le méme inconuenient ſe
rencontre auſſi bien dans le dernier cas, que dans le premier,
qui eſt que l'on chante par apres vne autre ſyllabe qui ſemble
n'auoir aucun raport ny aucune connexion auec la precedente,
parce qu'elle eſt chantée toute ſeule.

D'où vous deuez inferer que l'on ne ſe doit iamais arreſter à
la fin du mot que l'on chante, ou bien ſur quelqu'vne des nottes mediantes de la ſyllabe ſur laquelle on veut reprendre ha-

L leine

leine : parce qu'on l'vnit par ce moyen auec la fuiuante par fa derniere notte.

Ie finirois volontiers icy cét ouurage, fi ie ne me reffouuenois que la plufpart de ceux qui ont leu le premier effay que i'en fis il y a déja quelques années defiroient que i'y ajoûtaffe quelque autre chofe pour mettre en pratique les principes qu'ils y auoient apris, ayant d'ailleurs fait reflexion que nous n'auons point de chant dans l'Eglife plus commun ny dont le peuple recoiue tant de la confolation que des hymnes, lefquelles neanmoins fe chantent prefque auffi differemment qu'il y a de differentes Eglifes où le modique reuenu qu'il y a ne permet pas d'auoir des liures qui en enfeignent l'vniformité, ie donneray à peu de frais aux vns & aux autres les principales qui fe chantent pendant le cours de l'année & premierement celles des vefpres de l'Aduent.

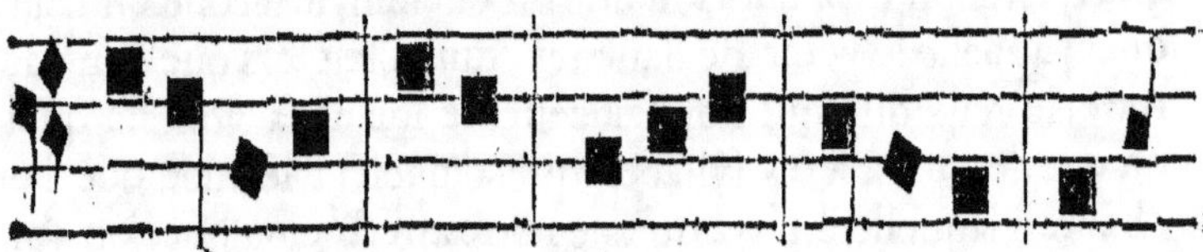

Autre

Qui condolens interitu
Mortîs perire sæculum,
Saluasti mundum languidum,
Donans reis remedium.

Vergente mundi véspere,
Vti sponsus de thalamo
Egressus honestissima
Virginis matris clausula.

Cuius forti potentiæ
Genu curuantur omnia,
Cœlestia terrestria
Nuta fatentur subdita.

L 2   Te

Te deprecamur agie
Venture iudex sæculi,
Conserua nos in tempore
Hostis à telo perfidi.

Laus, honor, virtus, gloria,
Deo Patri, & Filio,
Sancto simul Paracleto,
In sæculorum sæcula.   Amen.

Hymne pour matines qu'a le chant commun pour Laudes.

Illumina nunc pectora,
Tuoque amore concrema,
Audito vt præconio
Sint pulsa tandem lubrica.

Iudex

Iudexque cùm post aderis,
Rimari facta pectoris:
Reddens vicem pro abditis,
Iustisque regnum pro bonis.

Non demum arctemur malis
pro qualitate criminis
Sed cum beatis compotes,
Simus perennes cælibes.

Laus, honor, virtus gloria
Deo Patri, & Filio,
Sancto simul Paraclito,
In sæculorum sæcula. Amen.

Pour les Laudes.

Vox clara ecce intonat,
Obscura quæque increpat:
Pellantur eminus somnia,
Ab æthre Christus promicat.
Mens iam &c.

Hymne commun pour Matines, & pour Laudes de la Natinité du Sauueur.

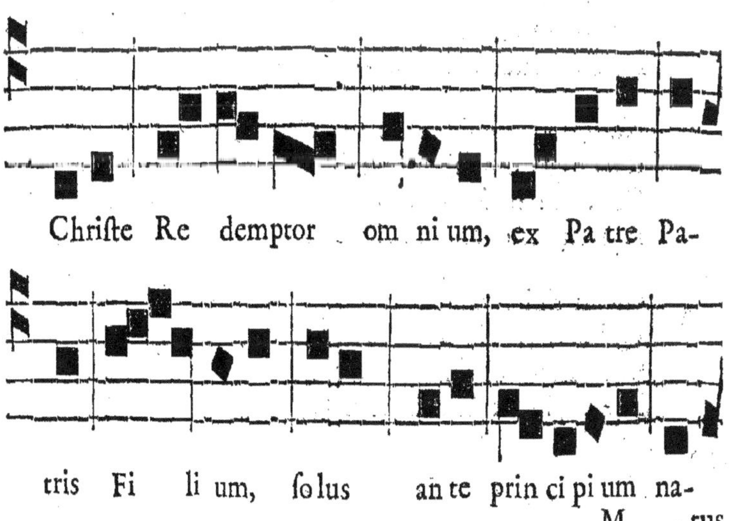

M

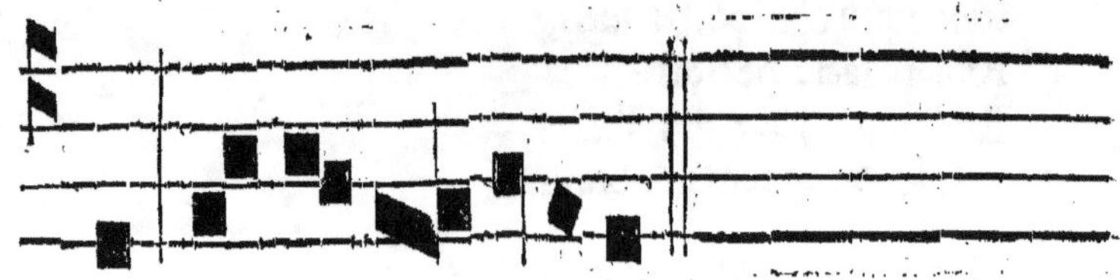

Tu lumen, tu fplendor Patris,
Tu fpes perennis omnium,
Intende quas fundunt preces,
Tui per orbem famuli.

Memento falutis auctor,
Quod noftri quondam corporis
Ex illibata Virgine
Nafcendo formam fumpferis.

Sic præfens teftatur dies,
Currens per anni circulum,
Quòd folus à fede Patris
Mundi falus adueneris.

Hunc Cœlum terra, hunc mare,
Hunc omne quod in eis eft,
Auctorem aduentus tui
Laudans exultat cantres.

Nos quoque qui fancto tuo
Redempti fnnguine fumus
Ob diem natalis tui,
Hymnum nouum concinnimus.

Gloria tibi Domine
Qui natus es de Virgine
Cum Patre & fancto Spiritu,
In fempiterna fæcula. Amen.

A Laudes

A Laudes.

A folis ortus cardine &c.

Hymne pour les faints Innocents, à Matines.

Exclamat amens nuntio:
Succeffor inftat, péllimur,
Satelles in ferrum rape,
Perfunde cunas fanguine.

Quid proficit tantum nefas ?
Quid crimen Herodem iuuat?
Vnus & inter funera
Impunè Chriftus tollitur.
Gloria tibi Domine, &c.

Pour Laudes.

Saluéte flores martyrum,
quos lucis ipso in limine
Christi insecutor sustulit,
Ceu turbo nascentes rosas.

Vos prima Christi victima
Grex immolatorum tener
Aram ante ipsam simplices
Palma & coronis luditis.
Gloria tibi Domine &c.

Hymne pour l'Epiphanie à Vespres & à Matines.

Ibant

Ibant Magi quàm viderant,
Stellam sequentes præuiam,
Lumen requirent lumine,
Deum fatentur munere.

Lauacra puri gurgitis,
Cœlestis agnus attigit:
Peccata quæ non detulit,
Nos abluendo sustulit.

Nouum genus potentiæ
Aquæ rubescunt hydriæ,
Vinumque iussa fundere,
Mutauit vnda originem.

Gloria tibi Domine
Qui apparuisti hodie,
Cum Patre & sancto Spiritu,
In sempiterna sæcula. Amen.

A Laudes.

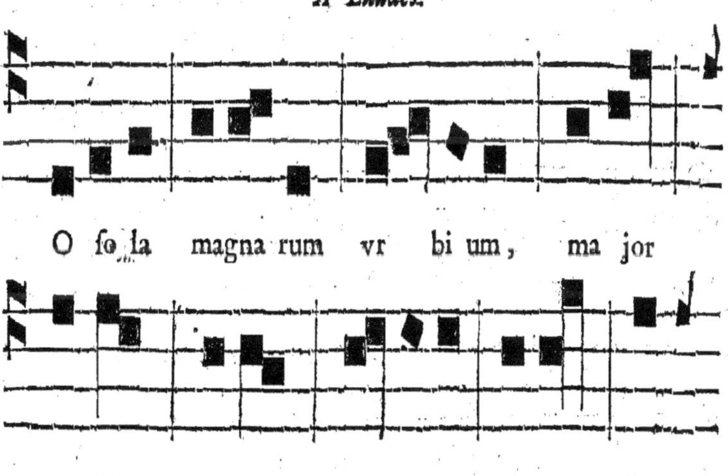

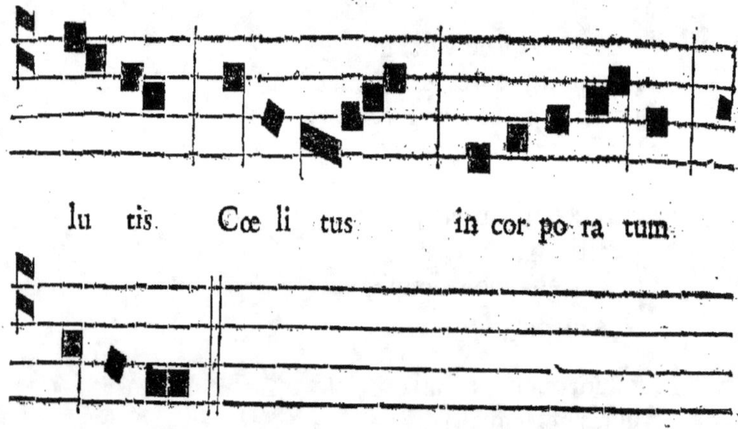

Quem stella, quæ solis rotam, &c.

Hymne pour le Caréme à Vespres.

Scrutator

Scrutator alme cordium,
Infirma tu scis virium,
Ad te reuersis exhibe
Remissionis gratiam.

Multum quidem peccauimus,
Sed parce confitentibus;
Ad laudem tui nominis
Confer medelam languidis.

Sic corpus extra conteri
Dona per abstinentiam,
Ieiunet vt mens sobria
A labe prorsus criminum.

Præsta beata Trinitas,
Concede simplex vnitas
Vt fructuosa sint tuis,
Ieiuniorum munera. Amen.

Chant commun pour Matines & pour Laudes.

HYMNE.

quater.

Lex & Propheta prímitus
hoc prætulerunt poſtmodum
Chriſtus ſacrauit omnium,
Rex atque factor & temporum.

Vtamur ergo par eius
Verbis, cibis, & potibus,
ſomno, iocis, & arctius
Perſtemus in cuſtodia.

Vitemus autem peſſima,
Quæ ſubruunt mentes vagas
Nullumque demus cállidi
Hoſtis locum tyrannidi.

Dicamus omnes ceruui
Clamemus atque ſinguli
Ploremus ante Iudicem,
Flectamus iram indicem.

Noſtris malis offendimus
tuam Deús clementiam:
Effunde nobis deſuper
Remiſſor indulgentiam.

Memento quod ſumus tui,
Licet cadue plaſmatis,
Ne det honorem nominis
Tui precamus, alteri.

Laxa

Laxa malum quod ferimus,
Auge bonum quod pascimus,
Placere quò tandem tibi
Passimus hic & perpetim.

Præsta beata Trinitas,
Concede simplex vnitas
Vt fructuosa sint tuis,
Ieiuniorum munera. Amen.

A Laudes.

Iam Christe, &c

Hymne pour le Samedy de deuant le Dimanche de la Passion à Vespres.

O   Quo

Quo vulneratus infuper
Mucrone diro lanceæ,
Vt nos lauaret crimine,
Manauit vnda & fanguine.

Impleta funt quæ concinet
Dauid fideli carmine
Dicens ,in nationibus
Regnauit à figno Deus.

Arbor decora & fulgida
ornata Regis purpura,
Electa digno ftipite,
Tam fancta membra tangere.

Beata, cuius brachiis
Sæcli pependit pretium,
Statéra facta corporis
Prædamque tulit tartari.

O crux aue fpes vnica
Hoc paffionis tempore
Auge piis iuftitiam,
Reifque dona veniam.

Pour l'Inuention de la fainte Croix.

O Crux aue fpes vnica
In hoc pafchali gaudio
Auge piis iuftitiam
Reifque dona veniam.

Pour l'Exaltation de la fainte Croix.

O crux aue fpes vnica
In hac triumphafi gloria,
Auge piis &c.

Te

Te summa Deus Trinitas
Collaudet omnis Spiritus:
Quos per Crucis mysterium
Saluas, rege per sæcula. Amen.

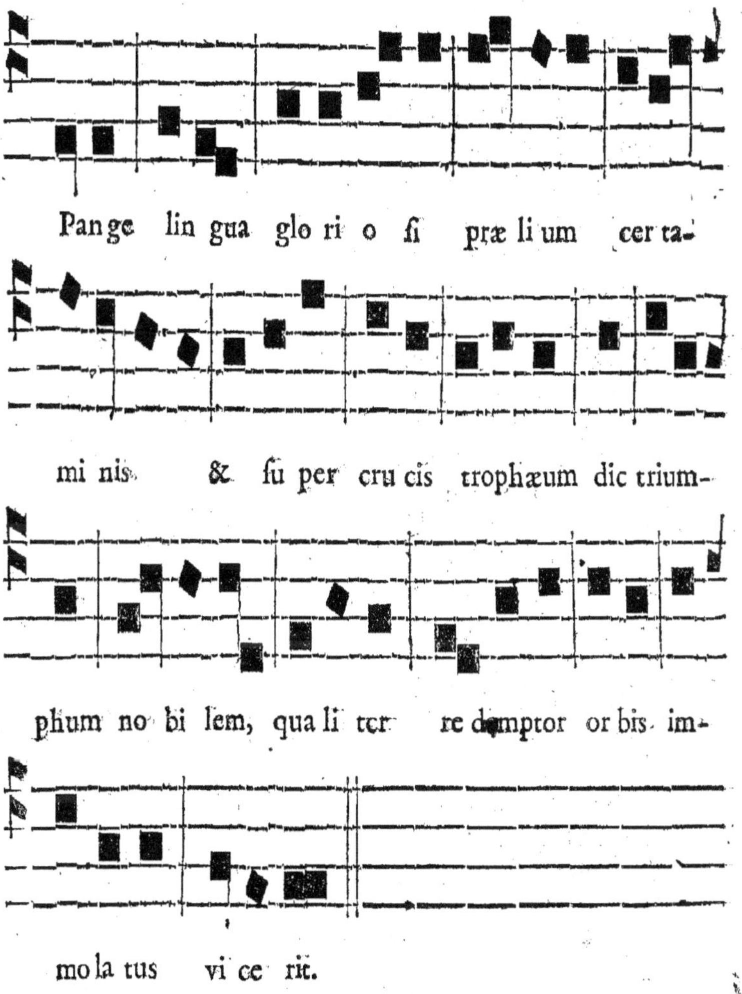

De parentis protoplasti
Fraude factor cóndolens,

O z   Quando

Quando pominoxialis
Morfu in mortem corruit,
Ipfe lignum tunc notauit
Damna ligni vt folueret.

Hoc opus noftræ falutis
Ordo depopófcerat
Multi formi proditoris
Ars vt artem falleret.
Et medelum ferret inde
Hoftis vnde læferat

Quando venit ergo facri
Plenitudo temporis
Miffus eft ab arce patris
Natus, orbis conditor,
Atque ventre virginali
Caro factus prodiit.

Vagit infans inter arcta
Conditus præfepia:
Membra pannis inuolúta
Virgo mater alligat:
Et manus pedefque, & crura
Stricta cingit fafcia.

Gloria, & honor Deo
Vfquequaque altiffimo
Vno patri, Filioque,
Inclito paraclito;
Cui laus eft & poteftas
Per æterna fæcula. Amen.

A Laudes.

Luftris fexque iam peractis , &c.   (*Sur le même chant.*

Hymne

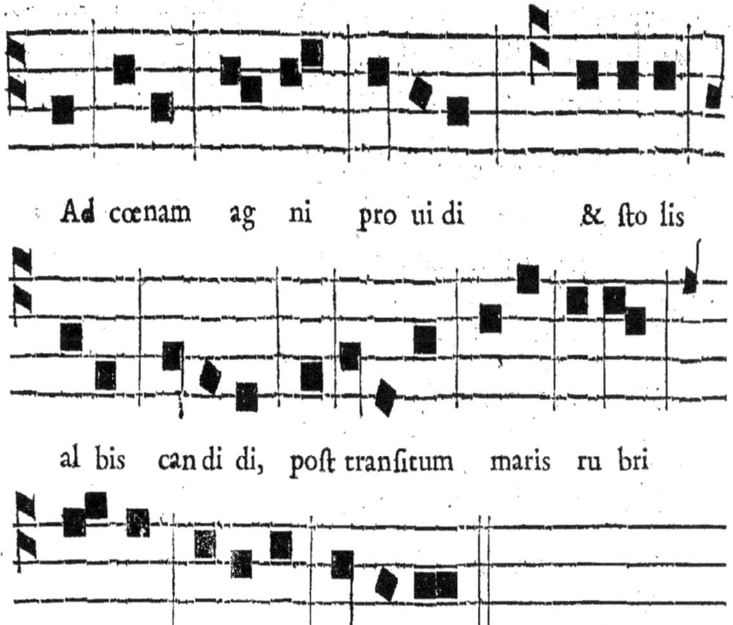

Hymne pour le cours de la ſemaine.

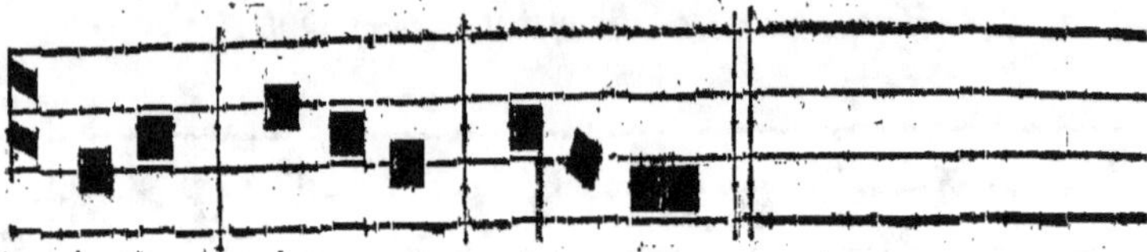

Cuius corpus sanctissimum,
In ira crucis torridum,
Cruore eius roseo
Gustando viuimus Deo.

Protecti paschæ vespere,
A deuastante Angelo,
Erepti de durissimo
Pharaonis Imperio.

Iam Pascha nostrum Christus est
Qui inmolatus agnus est
Sinceritatis azyma
Caro eius oblata est.

O vere digna hostia
Per quam fracta sunt tartara
Redempta plebs captiuata,
Reddita vitæ præmia.

Consurgit Christus tumuli,
Victor redit de barathro,
Tyrannum trudens vinculo,
Erreferans paradisum.

Quæsumus auctor omnium,
In hoc paschali gaudio,
Ab omni mortis impetu
Tuum defende populum.

Gloria

Gloria tibi Domine
Qui surrexisti à mortuis,
Cum Patre & Sancto Spiritu
In Sempiterna sæcula. Amen.

A Matines.

Rex sempiterne Domine, &c

Et à Laudes.

Aurora lucis rutilat, &c.

Sur le chant du dernier de Vêpres.

Hymne pour la feste de l'Ascension de nostre Seigneur à Vespres.

P 2   Quæ

Quæ te vicit clementia,
Vt ferres noſtra crimina
Crudelem mortem patiens,
Vt nos à morte tolleres.

Inferni clauſtra penetrans
Tuos captiuos redimens
Victor triumpho nobili
Ad dextram Patris reſidens.

Ipſa te cogat pietas,
Vt mala noſtra ſuperes,
Parcendo, & voti compotes
Nos tuo vultu ſaties.

Tu eſto noſtrum gaudium,
Qui es futurus præmium:
Sit noſtra in te gloria,
Per cuncta ſemper ſæcula. Amen.

A Matines,

gra ti æ.

Scandens tribunal dexteræ,
Patris, poteſtas omnium
Collata Ieſu cœlitus,
Quæ non erat humanitus.

Vt trina rerum, máchina,
Cœleſtium, terreſtrium,
Et infernorum condita
Flectat genu iam ſubdita.

Tremunt videntes Angeli
Verſa vice mortalium:
Culpat caro, purgat caro,
Regnat Deus, Dei caro.

Tu eſto noſtrum gaudium,
Manens olympo præditum:
Mundi regiſque fabricam,
mundana vincens gaudia.

Hinc te precantes quæſumus,
Ignoſce culpis omnibus,
Et corda ſurſum ſubleua
Ad te ſuperna gratia.

Q   Vt

Vt cum repente cœperis,
Clarere nube iudicis,
Pœnas repellas debitas
Reddas coronas perditas.

Gloria tibi Domine
Qui scandis super sidera,
Cum Patre & sancto Spiritu
In sempiterna sæcula. Amen.

Hymne pour la Pentecoste à Vespres.

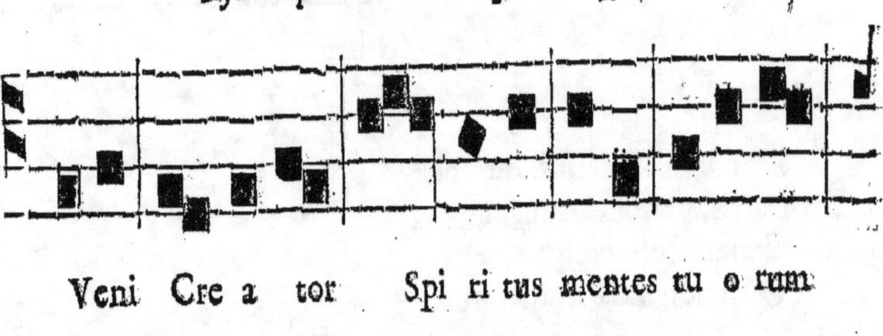

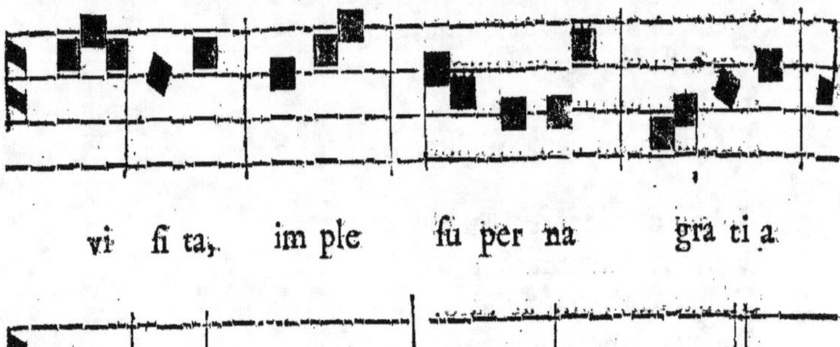

Qui paraclitus diceris
Donum Dei altissimi,
Fons viuus, Ignis, Charitas,
Et spiritalis vnctio.

Tu

Tu septiformis munere
Dextræ Dei tu digitus,
Tu rite promissum Patris,
Sermone ditans guttura.

Accende lumen sensibus,
Infunde amorem cordibus,
Infirma nostri corporis
Virtute firmans perpetim.

Hostem repellas longius
Pacemque dones protinus,
Ductore sic te præuio,
Vitemus omne noxium.

Per te sciamus da patrem
Noscamus atque filium,
Te vtriusque Spiritum
Credamus omni tempore.

Gloria Patri Domino,
Natoque, qui à mortuis
Surrexit , ac paraclito
In sæculorum sæcula. Amen.

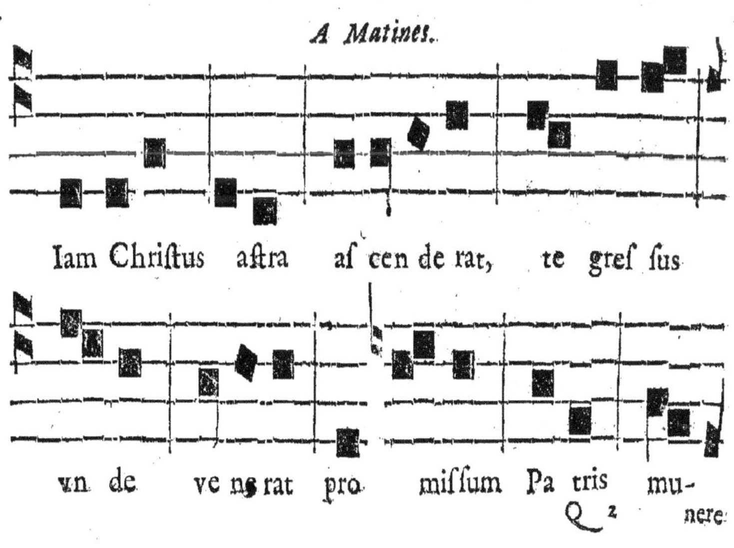

Solemnis vrgébat dies
Quo myftico feptemplici
Orbis volutus fepties
Signat beata tempora.

Dum hora cunctis tertia
Repente mundus intonat,
Orantibus Apoftolis
Deum veniffe nuntiat,

De Patris ergo lumine
Decorus ignis almus eft
Qui fida Chrifti pectora,
Calore verbi compleat.

Impléta gaudent vifcera
Afluta fancto Spiritu,
Voces diuerfas intonant
Fantur Dei magnalia.

Ex omni gente cogniti
Græcis, Latinis, Barbaris
Cunctifque admirantibus
Linguis loquuntur omnium.

Iudæa tunc incredula
Vefana, toruo Spiritu,
Ructare mufti crapulam
Alumnos Chrifti concrepat.

Sed

Sed signis & virtutibus
Occurrit, & docet Petrus,
Falsa profari perfidos,
Iohele teste comprobans

Gloria Patri Domino
Natoque qui à mortuis
Surrexit, ac paraclito,
In sæculorum sæcula. Amen.

A Laudes.

Beata nobis gaudia, &c.

Sur le même chant.

Lucis creator optime, &c. (*Qui est pour tous les Diman-*
ches de l'année se chante encore de même façon.

Hymne pour la fête de la Trinité.

R   Te

Te mane laudum carmine,
Te deprecemur vespere,
Te nostra supplex gloria,
Per cuncta laudet sæcula.

Deo Patri sit gloria,
Eiusque soli Filio,
Cum spiritu paraclito.
Et nunc,& in perpetuum. Amen.

Il est encore pour tous les sammedis du cours de l'année.

A Matines.

Summæ Deus clementiæ, &c.

Et à Laudes.

Tu Trinitatis vnitas , &c. *(Se chantent aussi de même que le precedent.*

Hymne pour la feste du saint Sacrement..

A VESPRES.

mundi

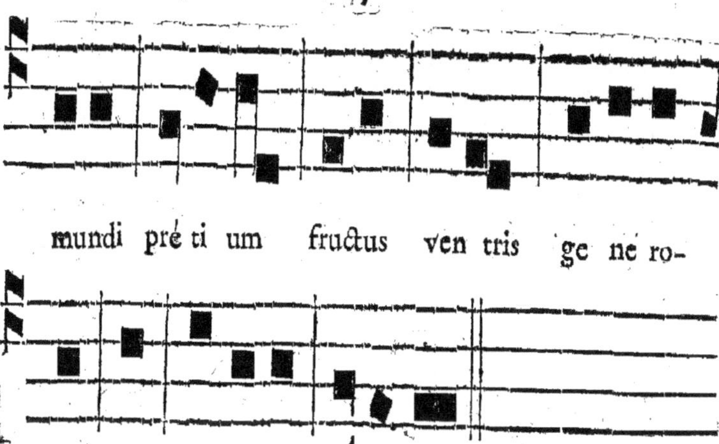

Nobis datus, nobis natus
Ex intacta virgine,
Et in mundo conuerfatus,
Sparfo verbi femine
Sui moras incolatus
Miro claufit ordine.

In fupremæ nocte cœnæ
Recumbens cum fratribus,
Obferuata lege plenè
Cibis in legalibus
Cibum turbæ duodenæ
Se dat fuis manibus.

Verbum caro, panem verum
Verbo carnem efficit:
Fitque fanguis Chrifti merum
Et fi fenfus déficit:
Ad confirmandum cor fincerum
Sola fides fufficit.

Tantum ergo Sacramentum
Veneremur cernui:

Et antiquum documentum
Nouo cedat ritui:
Præstet fides supplementum
Sensuum defectui.

Genitori genitoque
Laus & iubilatio
Salus honor virtus quoque
Sit & benedictio:
Procedenti ab vtroque
Compar sit laudatio. Amen.

A Matines.

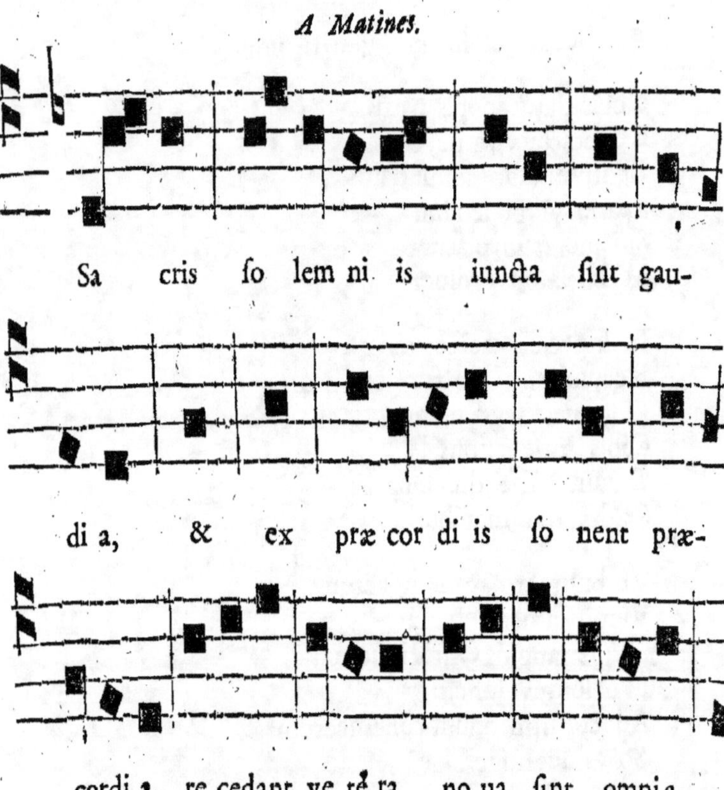

Noctis recolitur cœna nouissima
Qua Christus creditur agnum & azyma
Dediffe fratribus,iuxta legitima
Prifcis indulta patribus.

Poft agnum typicum expletis epulis,
Corpus dominicum datum Difcipulis,
Sic totum & quibus, quod totum fingulis
Cuius fatemur manibus.

Dedit fragilibus corporis ferculum,
Dedit & triftibus fanguinis poculum,
Dicens,accipite quod trado vafculum
Omnes ex eo bibite.

Sic Sacrificium iftud inftituit,
Cuius officium committi voluit
Solis Præsbiteris,quibus fic congruit,
Vt fumant, & dent cæteris.

Panis Angelicus fit panis hominum
Dat panis cœlicus figuris terminum:
O res mirabilis ! manducat Dominum
Pauper, feruus , & humilis.

Te trina Deitas vnaque pofcimus,
Sic nos tu vifita,ficut te colimus:
Per tuas femitas duc nos quo tendimus
Ad lucem quam inhabitas. Amen.

S   *A Laudes*

In mortem à Diſcipulo,
Suis tradendus æmulis,
Prius in vitæ ferculo
ſe tradidit Diſcipulis.

Quibus

Quibus sub bina specie
Carnem dedit & sanguinem,
Vt duplicis substantiæ
Totum cibaret hominem

Et nascens dedit socium,
Conuescens in edulium,
Se moriens in pretium,
Se regnans dat in præmium.

Et salutaris hostia,
Quæ cœli pandis ostium:
Bella premunt hostilia
Da robur fer auxilium.

Vni trinoque Domino
Sit sempiterna gloria:
Qui vitam sine termino
Nobis donet in patria. Amen.

Hymnes des Saints pour toute l'année, & premierement pour la chaire de saint Pierre à Rome.

A VESPRES.

S 2.   &c.

Gloria Patri per immenſa ſæcula,
Sit tibi nate, Decus & imperium,
Honor, poteſtas, ſanctoque Spiritu:
Sit Trinitati ſalus indiuidua,
Per infinita ſæculorum ſæcula. Amen.

A Laudes.

cœlum verbo clau dis a pe ris.

Sit Trinitati ſempîterna gloria,
honor, poteſtas atque iubilatio,
In Vnitate, cui manet imperium,
Et tunc & modo per æterna ſæcula. Amen.

T   *Pour*

Pour la Conuersion, & memoire de faint Paul.

A VESPRES.

Sit Trinitati fempiterna gloria,
Honor, poteftas, atque iubilatio.
In vnitate cui manet imperium
Ex tunc, & modo, per æterna fæcula.

A Laudes

A Laudes.

Exultet cœlum laudibus, &c. (*Comme dans le commun des Apoſtres.*

Pour la purification de la ſainte Vierge & pour toutes ſes autres feſtes, comme encore pour le Sammedy.

A VESPRES.

Sumens illud aue,
Gabrielis ore,
Funda nos in pace,
Mutans Euæ nomen.

T 2   Solue

Solue vincla reis,
Profer lumen cæcis,
Mala nostra pelle,
Bona cuncta posce.

Monstra te esse matrem,
Sumat per te preces,
Qui pro nobis natus,
Tulit esse tuus.

Virgo singularis
Inter omnes mitis
Nos culpis solutos
Mites fac & castos.

Vitam præsta puram,
Iter para tutum,
Vt Videntes Iesum,
Semper collætemur.

Sit laus Deo Patri,
Summo Christo decus
Spiritui sancto,
Tribus honor vnus. Amen.

A Matines.

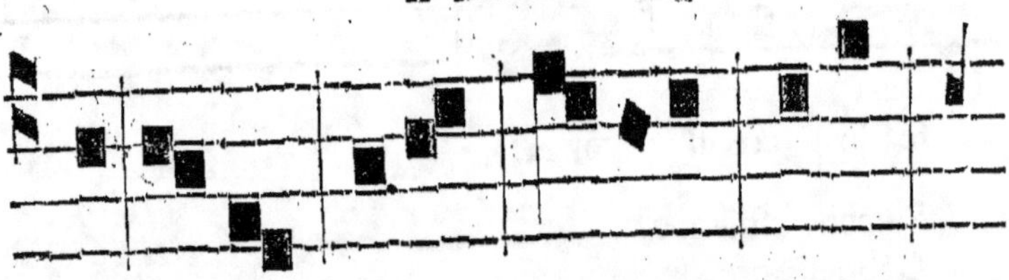

Quem ter ra pon tus æ the ra co lunt

adorant

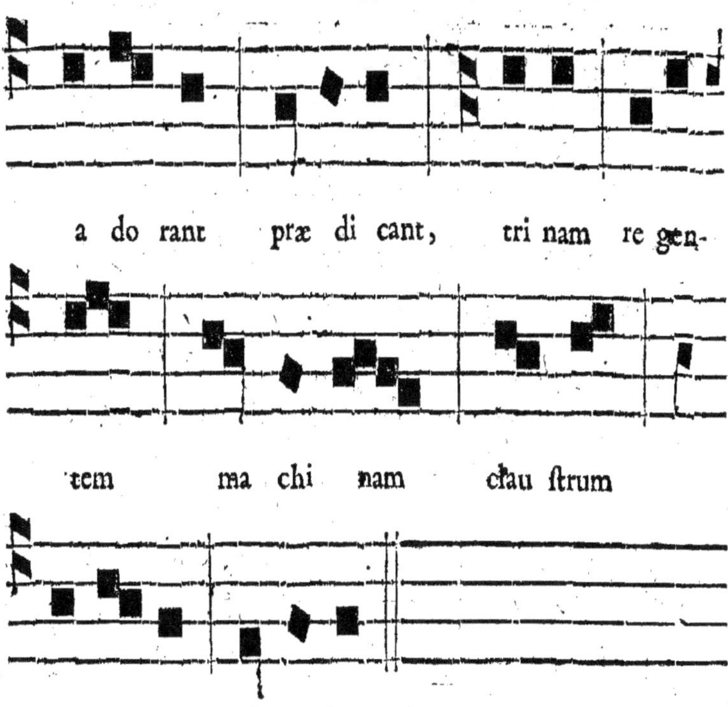

Cui luna, fol , & omnia
deferuiunt per tempora,
Perfufa cœli gratia,
Geftant puellæ vifcera.

Beata mater munere
Cuius fupernus artifex,
Mundum pugillo continens,
Venttis fub arca claufus eft.

Beata cœli nuntio,
Fœcunda fancto Spiritu,
Defideratus gentibus
Cuius per aluum fufus eft.

V   Gloria

Gloria tibi Domine,
Qui natus es de Virgine,
Cum Patre & sancto Spiritu,
In sempiterna sæcula. Amen.

A Laudes.

O gloriosa Domina, &c. (*Sur le méme.*

Aux feſtes de l'Inuention, & Exaltation de la Croix l'on chante tous les mémes qu'au dimanche de la Paſsion.

Hymne pour l'apparition & dedicace de ſaint Michel.

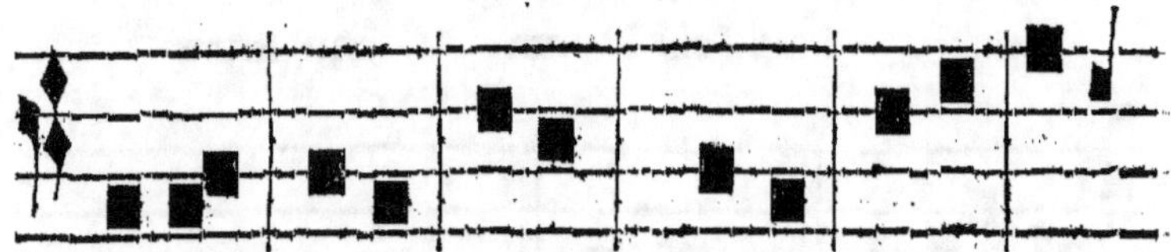

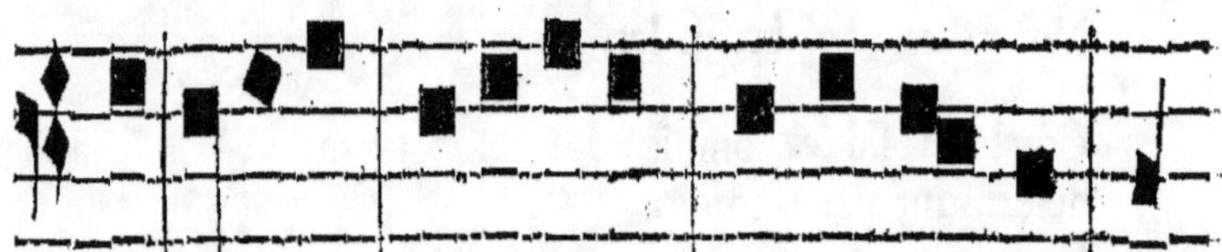

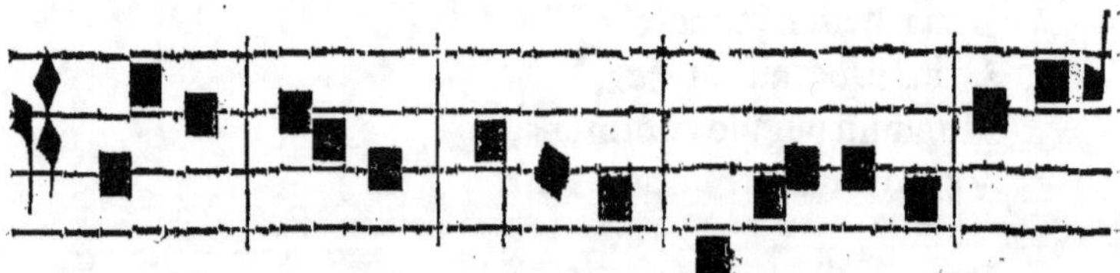

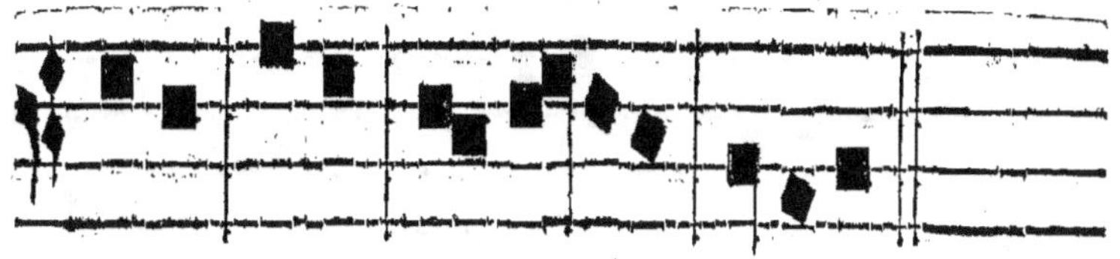

Collaudamus venerantes
Omnes cœli milites,
fed præcipue primatem
cœleftis exercitus,
Michaëlem in virtute
Conterentem zabulon.

Quo cuftode procul pelle
Rex Chrifte piiffime,
Omne nefas inimici,
Mundo corde & corpore,
Paradifo redde tuo
Nos fola clementia.

Gloriam Patri melodis
Perfonemus vocibus
Gloriam Chrifto canamus,
Gloriam paraclito,
Qui trinus & vnus Deus
Extat ante fæcula. Amen.

A Laudes.

Angelum pacis Michaël ad istam
Cœlitus mitti rogitamus aulam.
Non vt crebrò veniente crescant
    Prospera cuncta.

Angelus fortis Gabriel, vt hostem
Pellat antiquum, volitet ab alto,
Sæpius templum veniens ad istud
    Visere nostrum.

Angelum nobis medicum salutis
Mitte de cœlis Raphaël, vt omnes
Sanet ægrotos, pariterque nostros
    Dirigat actus.

Hinc

Hinc Dei nostri Genitrix Maria,
Totus & nobis chorus Angelorum,
Semper assistat, simulet beata
   Concio tota.

Præstet hoc nobis Deitas beata,
Patris ac Nati, pariterque sancti
Spiritus, cuius reboat in omni
   Gloria mundo. Amen.

Hymne pour la Natiuité de saint Iean Baptiste,

A VESPRES.

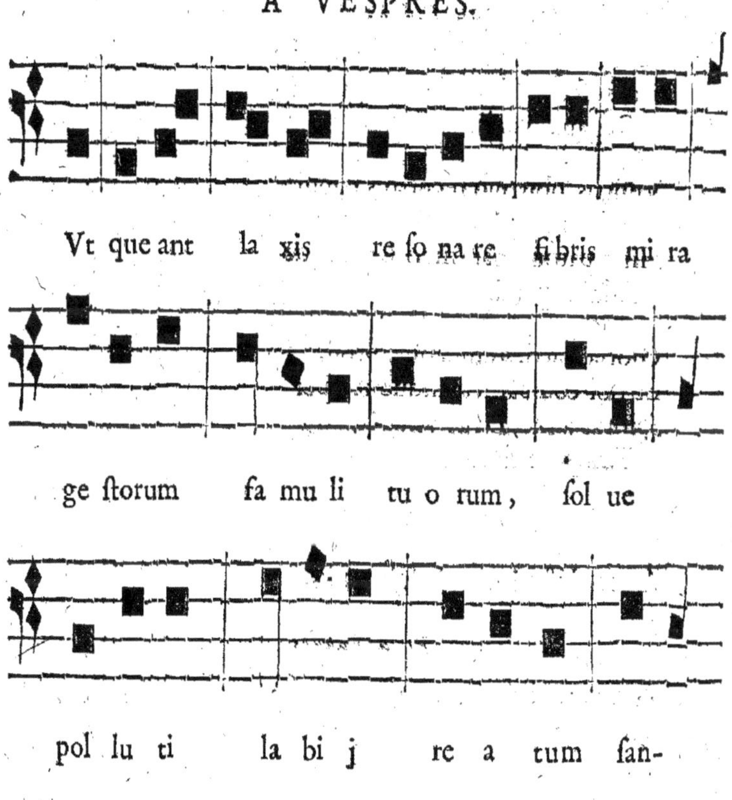

X   &te

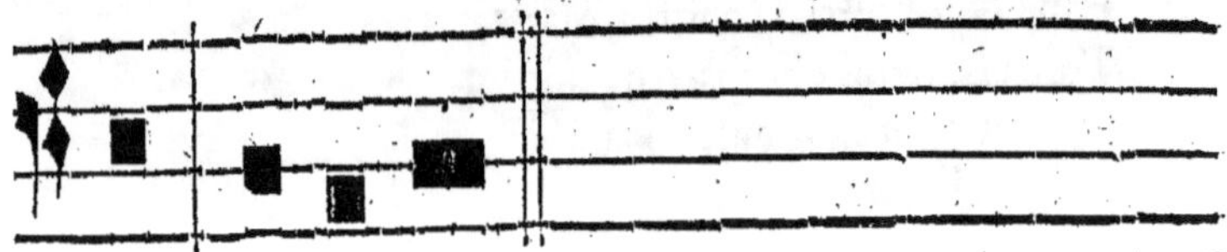

Nuntius celso veniens olympo,
Te Patri magnum fore nasciturum,
Nomen, & vitæ seriem gerendæ
  ordine promit.

Ille promissi dubius superni
Perdidit promptæ midulos loquelæ
Sed reformasti genitus peremptæ
  Organa vocis.

Ventris obstruso recubans cubili
Seu seras Regem thalamo manentem,
Hinc parens nati meritis vterque
  Addita pandit.

Gloria Patri, genitæque proli,
Et tibi compar vtriusque semper
Spiritus alme, Deus vnus omni
  Tempore sæculi. Amen.

A Matines.

Antra deserti teneris sub annis,

Et à Laudes.

O nimis felix, meritique celsi, ❴ *Tous deux sur le*
premier.

Hymne

Hymne pour la feſte des Apoſtres ſaint Pierre, & ſaint Paul.

A VESPRES.

X 2   Ianitor

Iantton cæli, Doctor orbis pariter,
Iudicus sæcli vera mundi lumina,
Per crucem alter, alter ense triumphans,
Vitæ sanatam Laureati possident,

O felix Roma, quæ tantorum Principum
Es purpurata pretiore sanguine,
Non laude tua, sed ipsorum meritis
Excellis omnem mundi pulchritudinem.

Sit Trinitati sempiterna gloria,
Honor potestas, atque iubilatio,
In vnitate, cui manet imperium
Et tunc, & modo, per æterna sæcula. Amen.

A Matines.

Æterna Christi munera , (*Comme dans le commun des Apostres.*

A Laudes.

Iam bone Pastor, &c. (*Comme le premier, qui est cy-deuant.*

Hymne pour la feste de sainte Madelaine,

A VESPRES.

Amore currit sancta
Pedes beatos vngere,
Lauare flectu, tergere,
Comis, & ore lambere.

Adestare non timet cruci,
Sepulchro inhæret anxia,
Truces nec horret milites:
Pellit timorem Charitas.

O vera, Christe, Charitas,
Tu nostra purga crimina,
Tu corda reple gratia,
Tu redde cœli præmia.

Deo Patri sit gloria,
Eiusque soli filio,
Cum Spiritu paclito,
Et nunc & in perpetuum. Amen.

A Matines.

N ardo Maria pistico, &c.

Et à Laudes.

Æterni Patris vnice, &c. *(Sur le premier.*

Y   *Hymne*

Hymne pour la feste de saint Pierre aux Liens.

A VESPRES.

Gloria Patri per immensa sæcula
Sit tibi nate decus & imperium,
Honor potestas, sanctoque Spiritui:
Sit Trinitati salus indiuidua,
Per infinita sæculorum sæcula. Amen.

A Matines.

Quodcumque vinclis, &c.

Et à Laudes.

Iam bone pastor (*Comme au iour de la Chaire de saint Pierre
à Rome.*
Hymne Pour le iour de la Transfiguration du Sauueur.

A VESPRES ET A MATINES.

Y 2   nis.

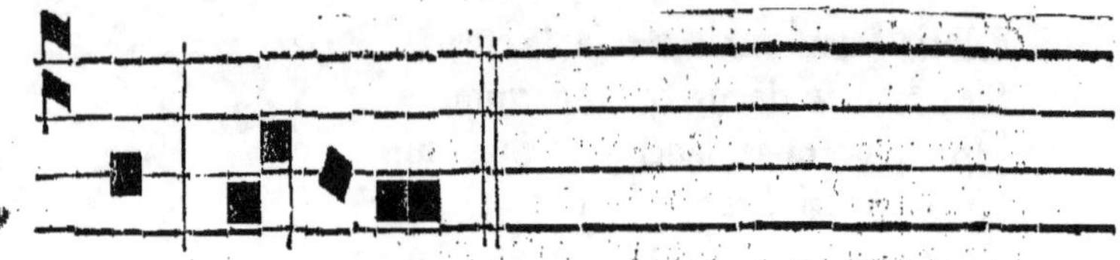

Illuſtre quiddam cernimus,
Quod neſciat finem pati,
Sublime, celſum, in terminum,
Antiquius cælo & chao.

Hic ille Rex eſt géntium,
Populique Rex Iudaici,
Promiſſus Abrahæ Patri,
Eiuſque in æuum ſemini.

Hinc & Prophetis teſtibus
Iiſdemque ſignatoribus,
Teſtator & Pater iubet
Audire nos & credere.

Gloria tibi Domine
Qui apparuiſti hodie
Cum Patre & ſancto Spiritu
In ſempiterna ſæcula. Amen.

A Laudes.

Quem felix eſt quem ſatias,
Conſors paternæ dexteræ;
Tu veræ lumen patriæ,
Quod omne ſenſum ſuperat.

Splendor pateruæ gloriæ,
Incomprehenſa bonitas,
Amoris tui copiam,
Da nobis per præſentiam.

Gloria tibi Domine, &c.

Z   *Hymne*

Hymne pour la feste de tous les Saints.

A VESPRES.

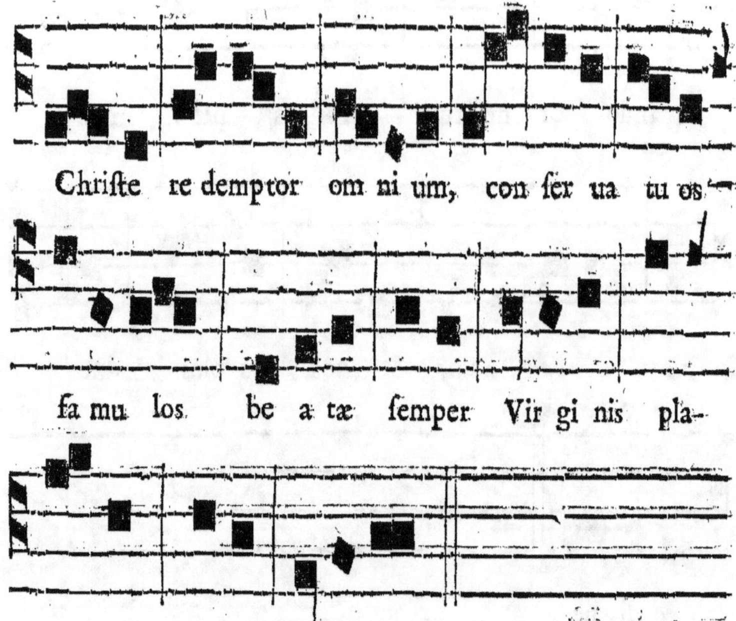

Beata quoque agmina
Cœleftium Spirituum
præterita, præfentia,
Futura mala pellite.

Vates æterni Iudicis,
Apoftolique Domini,
Suppliciter expofcimus
Saluari veftris precibus.

Martyres Dei inclyti,
Confefforefque lucidi,
Veftris orationibus,
Nos ferte in cœleftibus.

Chori

Chori sanctarum Virginum,
Monachorumque omnium,
Simul cum sanctis omnibus
Consortes Christi facite.

Gentem confere perfidam
Credentium de finibus
Vt Christo laudes debitas
Persoluamus alacriter.

Gloria Patri ingenito,
Eiusque vnigenito,
Vna cum sancto Spiritu,
In sempiterna sæcula. Amen.

A Laudes.

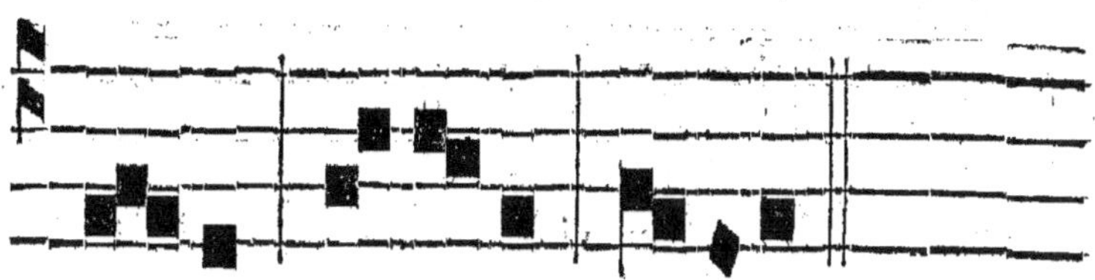

precedent.

LE COMMVN DES SAINTS.

Pour la naissance des Apostres & Euangelistes, hors le temps Paschal.

A VESPRES.

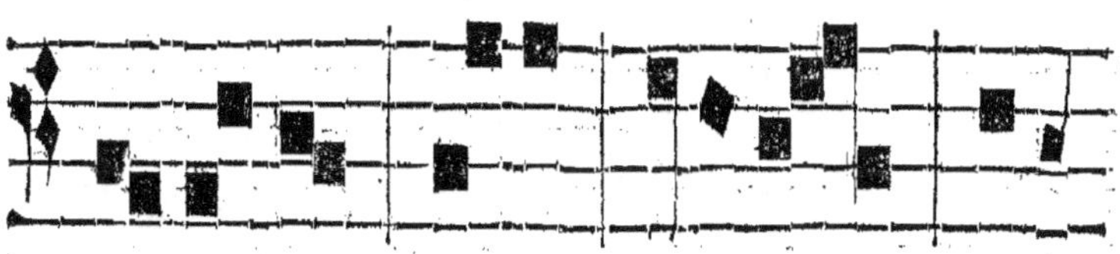

Z 2   sulter

ful tet ter ra gau di is, A po fto-
lo rum glo ri am fa cra ca-
nunt fo lem ni a.
A Laudes.
E xul tet cœ lum lau di bus re-
ful tet ter ra gau di is, A po fto-
lorum

lem ni a.

Vos fæcli jufti Iudices,
Et vera mundi lumina
votis precamur cordium,
Audite preces fupplicum.

Qui cœlum verbo clauditis,
Serafque eius foluitis,
Nos à peccatis omnibus
Soluite iuffu quæfumus.

Quorum præcepto fubditur
Salus & languor omnium:
Sanate ægros moribus
Nos reddentes virtutibus.

Vt cum iudex aduenerit
Chriftus in fine fæculi,
Nos fempiterni gaudij
Faciat effe compotes.

Deo Patri fit gloria
Eiufque foli Filio,
Cum Spiritu paraclito
Et nunc & in perpetuum. Amen.

A a   A Matines

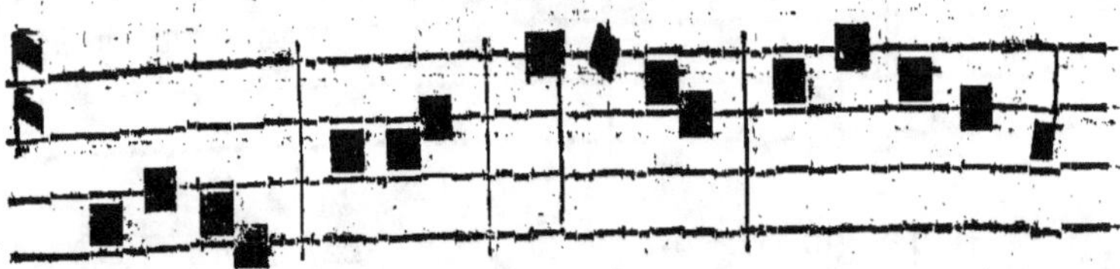

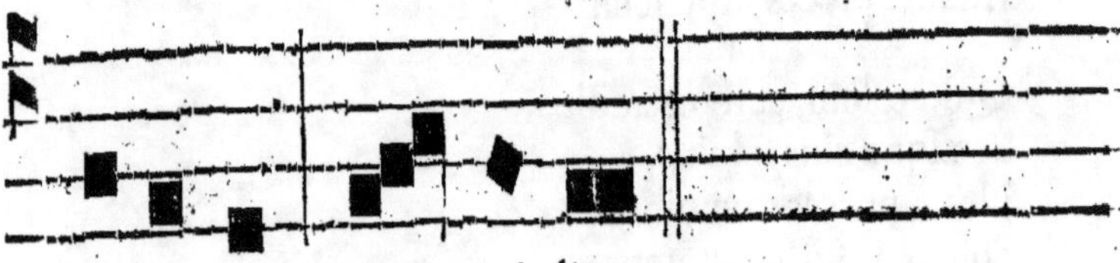

Ecclesiarum Principes,
Belli triumphales duces,
Cælestis aulæ milites,
Et vera mundi lumina,

Deuota sanctorum fides,
Inuicta spes credentium,
Perfecta Christi charitas,
Mundi triumphat principem.

In his paterna gloria,
In his voluntas Spiritus,
Exultat in his Filius
Cœlum repletur gaudio.

Te nunc Redemptor quæsumus,
Vt ipsorum consortio,
Iungas precantes seruulos,
In sempiterna sæcula. Amen.

Le Commun des Apostres & Euangelistes pour le temps Paschal,
à Vespres & à Matines:

HYMNE.

Sermone blando Angelus,
Prædixit mulieribus:
In Galilæa Dominus
Videndus est quantocius.

Aa 2   Illæ

Illæ dum pergunt concitæ
Apostolis hoc dicere,
Videntes eum viuere
Christi tenent vestigia.

Quo agnito discipuli
In Galilæam propere
Pergunt videre faciem
Desideratam Domini.

Quæsumus autor omnium,
In hoc paschali gaudio,
Ab omni mortis impetu,
Tunc defende populum.

Gloria tibi Domine
Qui surrexisti à mortuis
Cum Patre & sancto Spiritu,
In sæculorum sæcula. Amen.

A Laudes.

Claro Pascali Gaudio. (*Sur le precedent.*

LE COMMVN D'VN SEVL MARTYR.

Hymne pour les Vespres & Matines doubles.

rona

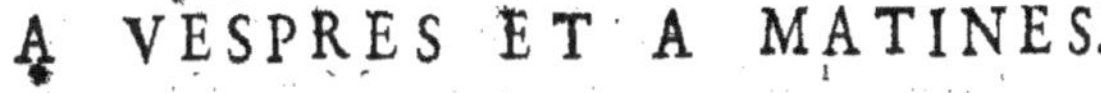

Hymne ponr les femidoubles.

A VESPRES ET A MATINES.

Bb

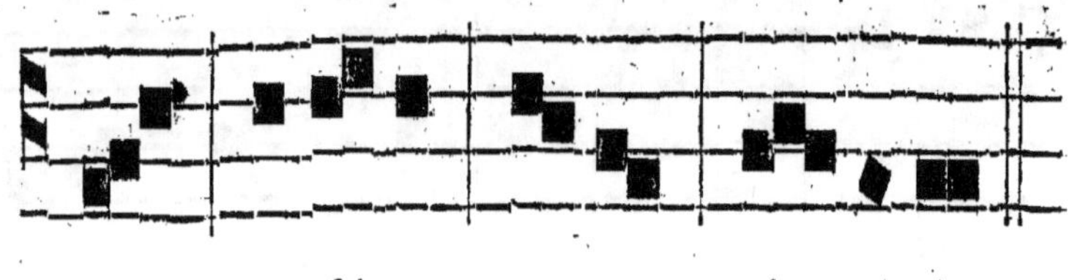

Hymne pour les simples.

A VESPRES ET A MATINES.

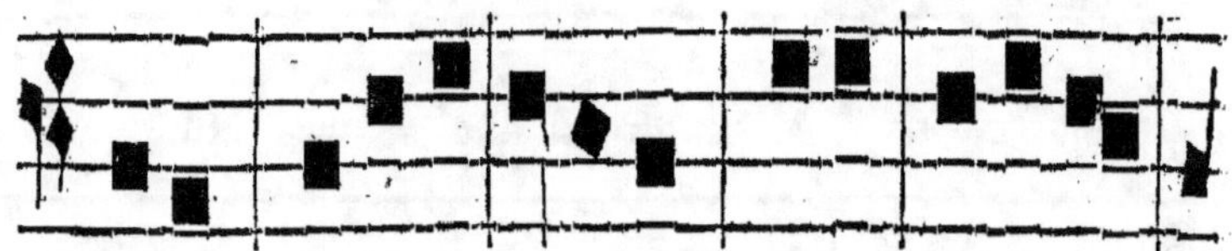

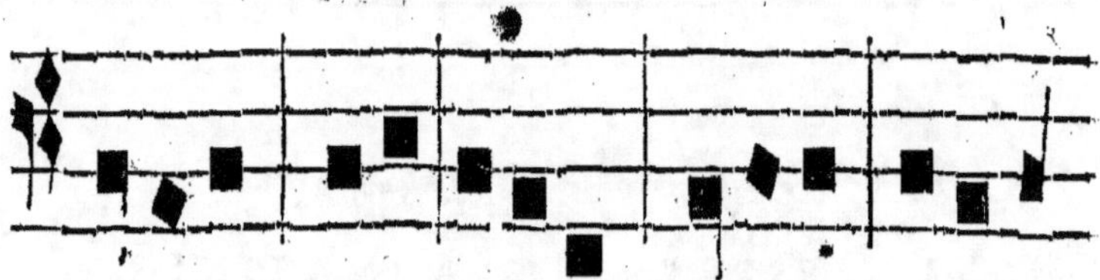

Hic nempe mundi gaudia,
Et blandimenta noxia,
Caduca rite deputans
Peruenit ad cœleftia.

Pœnas

Pœnas cucurrit fortiter
Et suftulit viriliter,
Pro te effundens fanguinem,
Æterna dona poffidet.

Ob hoc precatu fupplici,
Te pofcimus piiffime
In hoc triumpho martyris,
Dimitte noxam feruulis.

Laus & peremnis gloria,
Deo Patri, & Filio,
Sancto fimul paraclito,
In fempiterna fæcula. Amen.

A Laudes.

Pour les feftes doubles.

Martyr Dei qui vnicum. (*Comme le premier.*

Pour les femidoubles, (comme le fecond.

Pour les fimples, (comme le troifiéme.

LE COMMVN DE PLVSIEVRS MARTYRS.

Hymne pour les Vefpres des doubles.

B b 2   pangamus

Pour les femidoubles & pour les fimples.

A VESPRES.

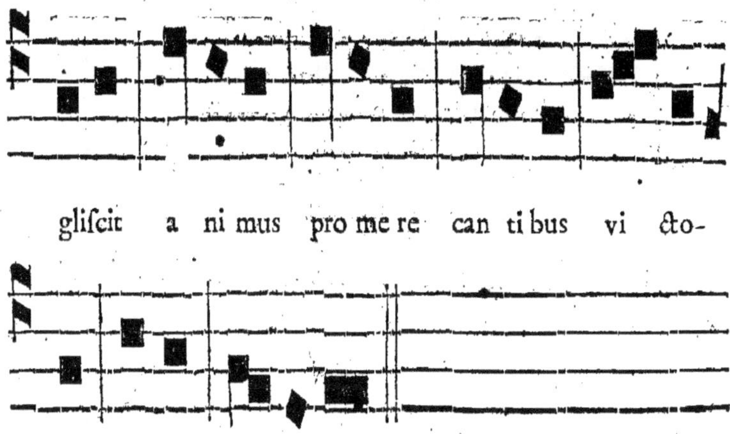

Hi ſunt quos retinens mundus inhorruit
Ipſum nam ſterili flore peraridum,
Spreuére penitus, teque ſecuti ſunt,
Rex Chriſte bone cœlitus.

Hi pro te furias atque ferocia,
Calcarunt hominum, ſæuaque verbera,
Ceſſit his lacerans fortiter vngula,
Nec carpſit penetralia.

Cæduntur gladiis more bidentium,
Non murmur reſonat, non querimonia:
Sed corde tacito mens bene conſcia,
Conſeruat patientiam.

Quæ vox, quæ poterit lingua retexere,
Quæ tu martyribus munera præparas?
Rubri nam fluido ſanguinè laureis
Ditantur bene fulgidis.

Cc Te

Te summa Deitas, vnaque poscimus,
Vt culpas abluas, noxia subtrahas,
Des pacem famulis, nos quoque gloriam
Per cuncta tibi sæcula. Amen.

A Matines.

Æterna Christi munera , &c. (*Sur le chant de celuy des Apostres.*

A Laudes.

Pour les doubles.

Rex gloriose Martyrum, &c. (*Sur le chant de l'hymne double d'vn seul Martyr.*

A Laudes.

Pour les semidoubles.

Rex gloriose. (*Comme aux semidoubles d'vn Martyr.*

A Laudes.

Pour les simples.

Rex gloriose, &c. (*Comme pour les simples d'vn Martyr.*

LE COMMVN DES CONFESSEVRS PONTIFES.

Hymne pour les Vespres & Matines des doubles.

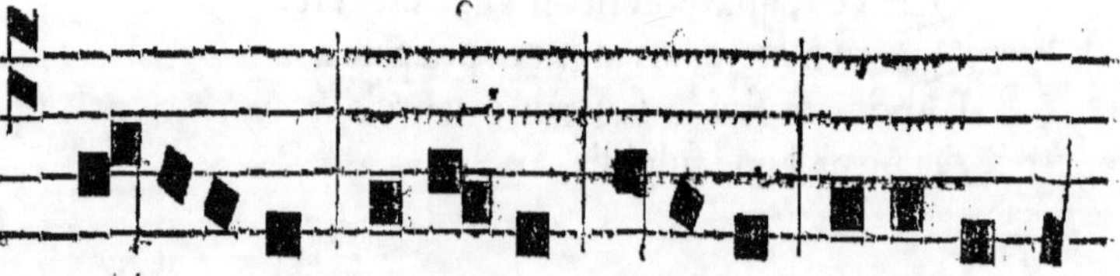

festa

Autre chant pour les doubles.

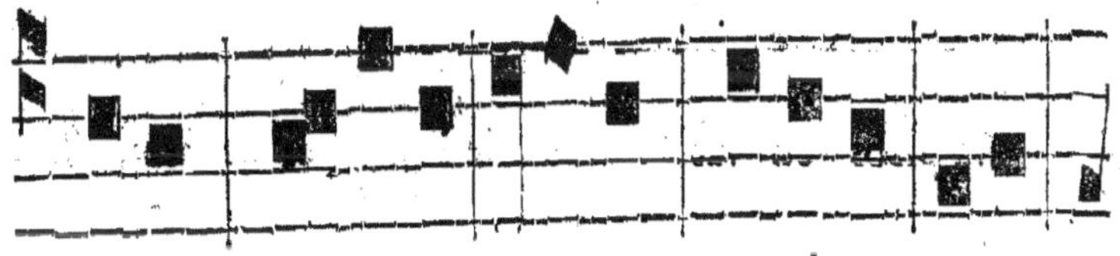

Il se chante encore comme l'hymne de saint Iean.

Pour les semidoubles.

A VESPRES ET A MATINES.

scandere

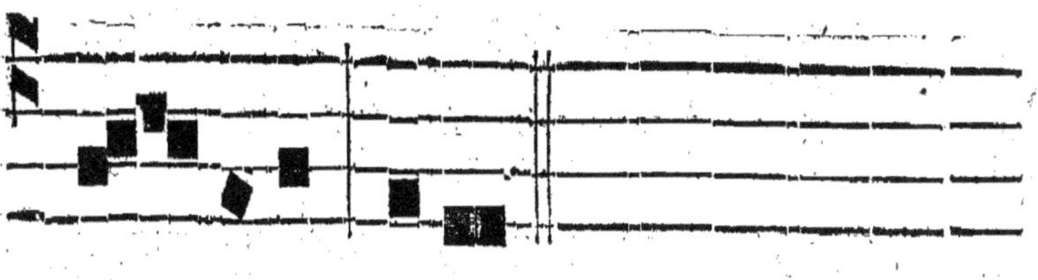

Autre chant.

Pour les ſemidoubles.

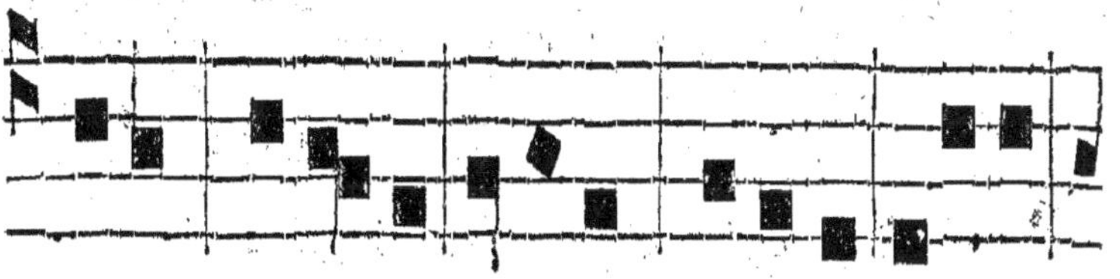

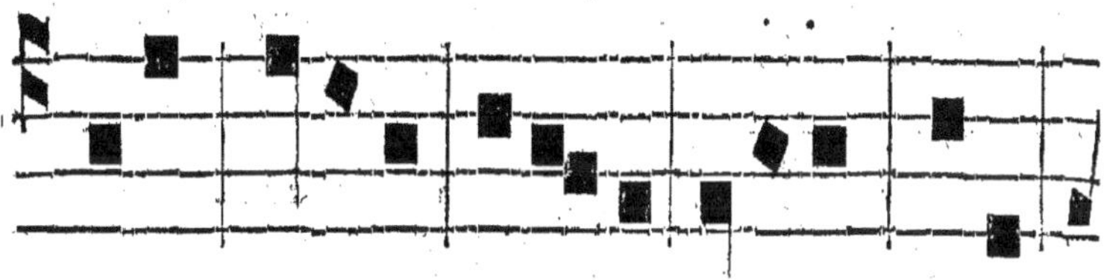

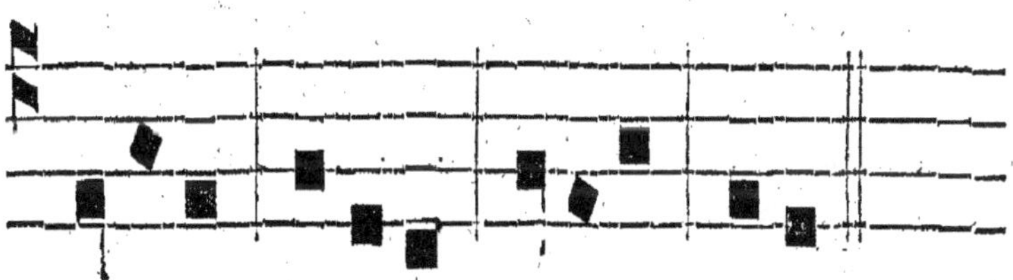

D d   Pour

Pour les simples.

A VESPRES ET A MATINES.

Qui prius prudens, humilis pudicus,
Sobrius, caftus fuit, & quietus,
Vita dum præfens vegetauit eius
    Corporis artus.

Ad facrum cuius tumulum frequenter
Membra languentum modo fanitati,
Quolibet morbo fuerint grauata
    reftituuntur.

Vnde nunc nofter chorus in honorem
Ipfius, hymnum canit hunc libenter,
Vt piis eius meritis iuuemur
    Omne per æuum.

Sit

Sit salus illi, decus, atque virtus,
Qui supra cœli residens cacumen,
Totius mundi machinam gubernat
Trinus & vnus. Amen.

A Laudes.

Pour les doubles.

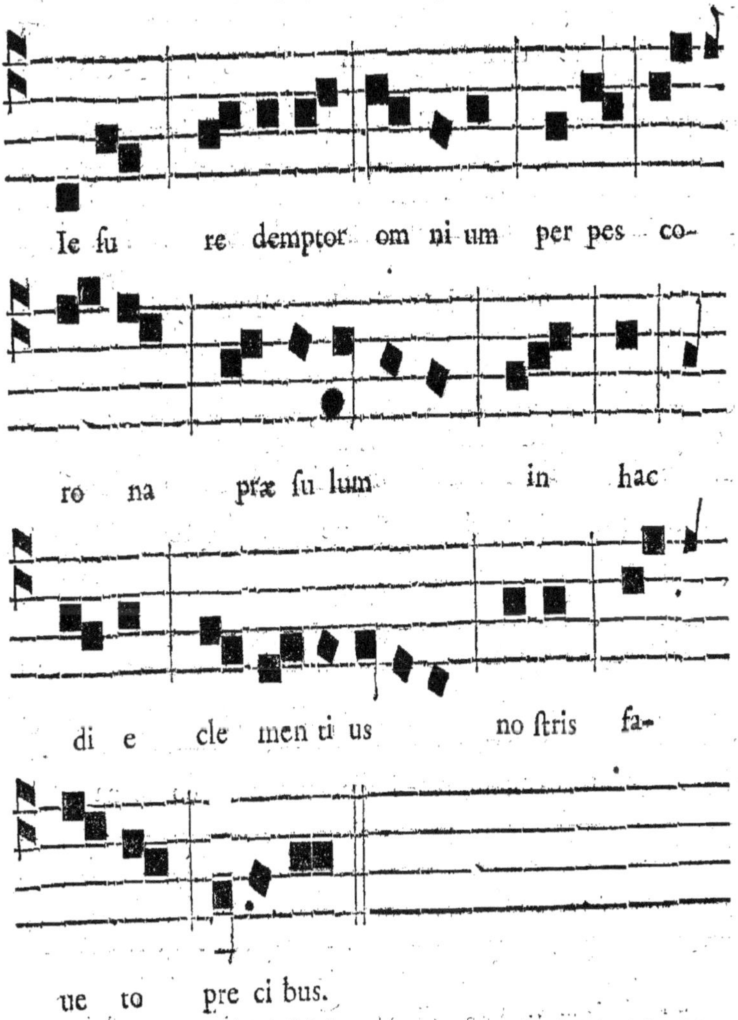

D d 2	*A Lau*

A Laudes.

Pour les semidoubles.

Pour les simples.

faucto

Tu sacri qua nominis
Confessor almus claruit,
Huius celebrat annua
Deuota plebs solemnia,

Qui rite mundi gaudia
Huius caduca respuens
Cum Angelis cœlestibus
Lætus potitur præmiis.

Huius benignus annue
Nobis sequi vestigia:
Huius precatu seruulis
Dimitte noxam criminis.

Sit Christe rex piissime
Tibi, Patrique gloria,
Cum Spiritu paraclito
Et nunc & in pertuum. Amen.

LE COMMVN DES CONFESSEVRS NON PONTIFES.

A Vespres & à Matines.

Pour les doubles, semidoubles, & simples.

Iste confessor, (*Comme le Commun des Pontifes.*

A Laudes.

Iesu corona celsior (*Comme* Iesu redemptor *des Pontifes.*

LE COMMVN DES VIERGES ET MARTYRES.

Hymne pour les Vespres & Laudes des doubles.

Pour les semidoubles.

il la   con ci pit, quæ fo la Vir go par-
tu rit.   hæc vo ta cle mens ac   ci pe.
Pour les simples.
Ie fu co ro na Virginum, quem ma ter il la
con ci pit   quæ fo la Vir go   par tu rit, hæc vo-
ta cle mens ac ci pe.

E e 2   Qui

Qui pafcis Inter lilia
Septus choreis Virginum,
Sponfas decorans gloria,
Sponfifque reddens præmia.

Quocumque pergis, virgines
Sequuntur, atque laudibus
Poft te canentes curfitant
Hymnofque dulces perfonant.

Te deprecamur largius
Noftri adauge fenfibus
Nefcire prorfus omnia
Corruptionis vulnera.

Laus, honor, virtus, gloria,
Deo Patri, & Filio,
Sancto fimul Paraclito,
In fempiterna fæcula. Amen.

A Matines.

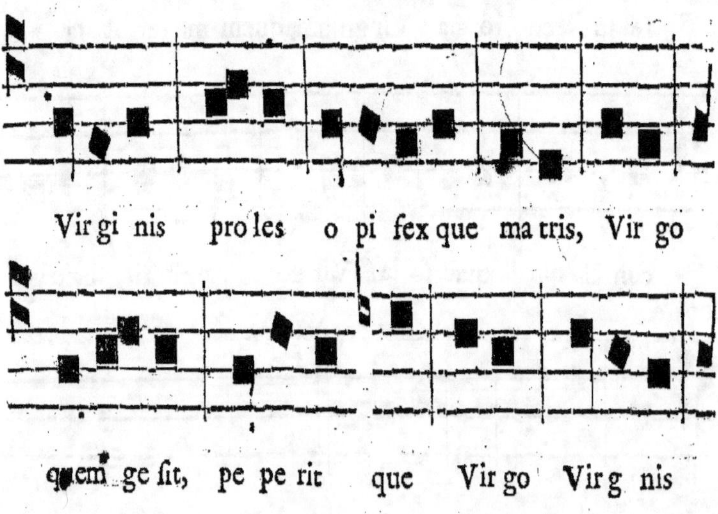

festum

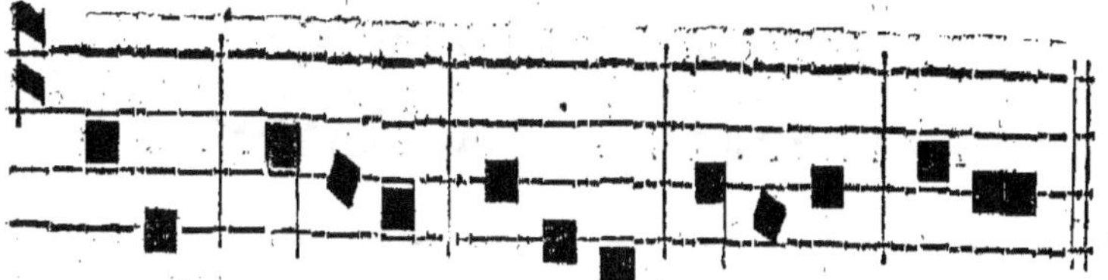

Hæc tua Virgo duplici beata
Sorte, dum geſtit fragilem domare
Corporis ſexum, domuit cruentum
   Corpore ſæclum.

Vnde nec mortem, nec amica mortis
Sæua pœnarum genera pauoſcens,
Sanguine fuſo meruit ſacratum
   Scandere cælum.

Huius obtentu Deus alme noſtris
Parce iam culpis, vitia remittens,
Qua tibi puri reſonemus almum
   Pectoris hymnum.

Gloria Patri, genitæque proli,
Et tibi compar vtriuſque ſemper
Spiritus alme Deus vnus, omni
   Tempore ſæcli. Amen.

Hymnes pour les feſtes doubles, ſemidoubles, & ſimples des Veſpes.

A VESPRES ET A LAVDES.

Fortem virili pectore &c. (*Sur le chant de l'hymne des Vierges.*

A Matines.

Huius obtentu Deus alme, noſtris (*Comme* Virginis proles.

A VESPRES ET A MATINES.

Noua veniens è cœlo,
Nuptiali thalamo
præparata, vt fponfata
Copuletur Domino.

Platea

Plateæ & muri eius.
Ex auro puriſſimo.

Portæ nitent margaritis
Adytis patentibus:
Et virtute meritorum
Illuc introducitur
Omnis qui ob Chriſti nomen
Hic in mundo premitur.

Tunſionibus, preſſuris
Expoliti lapides,
Suis coaptantur locis
Per manus artificis
Diſponuntur permanſuri
Sacris ædificiis.

Gloria & honor Deo
Vſque quaque altiſſimo
Vna Patri Filioque,
Inclito paraclito,
Cui laus eſt & poteſtas
Per æterna ſæcula. Amen.

A Laudes.

Angularis fundamentum (*Sur le chant de Veſpres & de Ma-*
tines.
La façon de chanter correctement Amen à la fin des Hymnes.

Quand elles finiſſent en re du premier & ſecond ton, il faut chanter
Amen comme il ſuit.

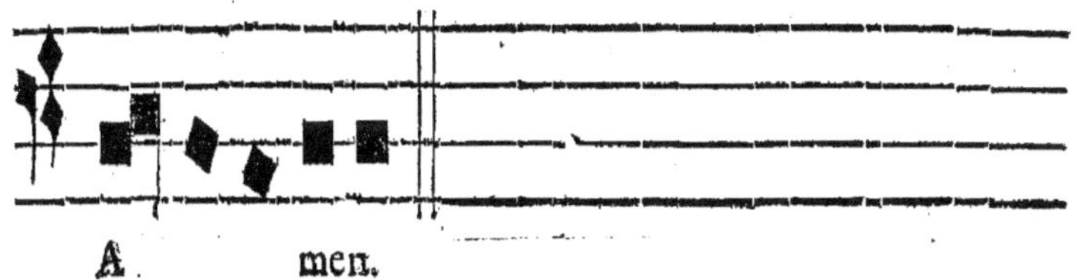

Ff 2   Quand

Quand elles finissent par le mi du troisiéme & quatriéme ton, il le faut chanter ainsi.

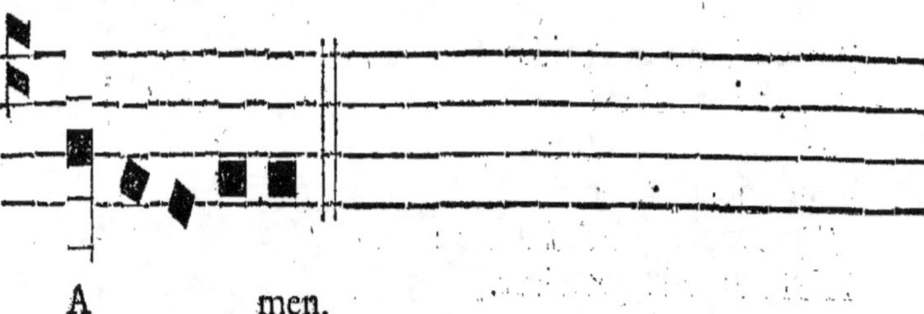

Quand elles se terminent par fa, du cinquiéme & siziéme ton, il se doit chanter de cette sorte.

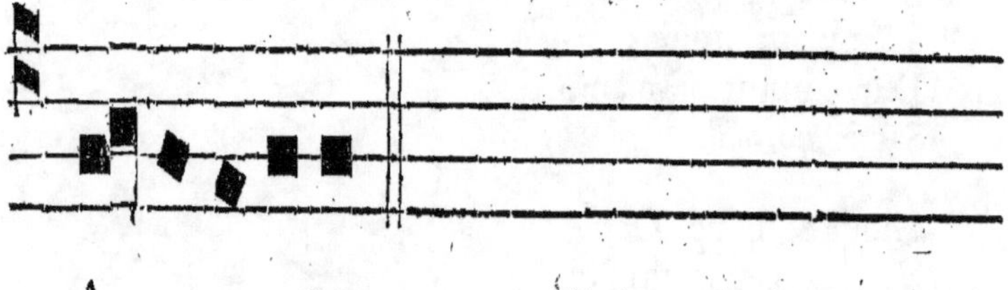

Et enfin quand elles finissent par vt du septiéme & huitiéme ton, vous le deuez chanter comme vous le voyez ensuitte.

F I N.

www.ingramcontent.com/pod-product-compliance
Lightning Source LLC
LaVergne TN
LVHW021844170726
843503LV00003B/1055